雪球基金财富志，陪伴你走过积累财富的长坡

2023基金财富志

SNOWBALL CALENDAR 2023

雪球/编著

中国财经出版传媒集团
中国财政经济出版社

基金投资入门

建立【长线思维】，
让财富的雪球，在长坡厚雪上，有足够久的滚动时间。

Jan. / 一月

扫码领取基金课

01/01

元旦　　星期日　　壬寅年 腊月初十

聪明投资者在这里

如果一个人，能够长期坚持以资产配置的思路来投资基金，我不敢说他一定能实现财务自由，但我能确定，他一定会越来越富有。

——雪球人气用户 @ 不明真相的群众

01/02

1.1～3.31

公募基金披露年报

星期一

壬寅年

腊月十一

什么是基金？

基金是把钱集合在一起，由专业人士打理的一种资产管理模式，简单地说，就是资金积聚，专业理财。基金投资的门槛并不高，只需要拿出几百元、甚至是 1 元即可投资。

01/03

1.1～4.30

A股上市公司披露年报

星期二

壬寅年

腊月十二

为什么公募基金更适合普通投资者？

公募基金安全性高、透明度高、流动性强与投资门槛低等特点均能较好地满足投资人的理财需求。2022 年，公募基金规模突破 26 万亿元，已经逐步发展成为普惠金融的理财工具，是普通人实现财富增长的较好选择。

01/04

今日宜
稳健

星期三

壬寅年
腊月十三

基金比股票更平稳

基金投资的特点之一是组合投资、分散风险。一般情况下，基金的风险和波动程度都远低于股票。例如，一只股票每天的最大波动幅度可以是 10% 或 20%，甚至有些股票在几天内的波动能达到 50%，相比之下，基金的波动更为平稳。

01/05

王寅年

小寒　　星期四　　腊月十四

绝大多数股民收益跑不过基金

上海证券交易所曾做过一个抽样统计，样本覆盖超 5 300 万个账户。2016 年 1 月至 2019 年 6 月，样本中的所有个人投资者，不管是持股市值在 10 万元以下的还是 1 000 万元以上的，平均收益都是负的。同一时期，基金机构投资者却获得了正收益，其平均收益率超过 11%。

01/06

今日忌

急躁

星期五

壬寅年

腊月十五

买基金到底能不能赚钱？

历史告诉我们，不管什么时候买入基金，如果能持有足够长的时间，那么绝大多数基金都是可以赚钱的。雪球基民持有数据显示，截至 2022 年 2 月，持有产品达到 3 年的用户中，正收益比例达到 85.42%。

01/07

今日宜　　　　　　　　　　　　　壬寅年
淡定　　　　　星期六　　　　　腊月十六

聪明投资者在这里

投资只是生活的一部分，不是生活的全部。我可以用时间面对投资的波动性，那么我为什么每天要把精力放在降低波动性上呢？所以我现在的投资方法可能就是投资期限更长一些，用时间来面对不确定性。

——雪球人气用户 @ 望京博格

01/08

今日宜

投研

星期日

壬寅年

腊月十七

投资大师说

不进行研究的投资，就像打扑克从不看牌一样，必然失败！

——彼得 · 林奇

01/09

今日宜
理智

星期一

壬寅年
腊月十八

基金投资有风险吗？

基金主要投资于股票、债券等资产，而这些资产的价格是波动的，因而基金投资有风险。购买基金产品时，既可能按持有份额获得基金投资所产生的收益，也可能承担基金亏损带来的损失。

01/10

今日宜
反思

星期二

壬寅年
腊月十九

为什么基金赚钱，基民不赚钱？

追涨杀跌、持有周期短是导致“基金赚钱、基民不赚钱”的主要原因之一。一定要坚持基金长期投资的理念，时间自会给予耐心等待的投资者丰厚的回报。

01/11

今日忌
追涨杀跌

星期三

壬寅年
腊月二十

聪明投资者在这里

这些年的牛熊经历让我有了一个很重要的投资感悟，宁可少赚钱，也要控制好大幅回撤。我想要的是资产稳健增值，而不是“一夜暴富”，因为“一夜暴富”的另一面可能是“一夜致贫”。

——雪球人气用户 @ 小鱼量化

01/12

今日宜
看长远

星期四

壬寅年
腊月廿一

如何持有基金才能赚钱？

基金持有时长与盈利概率正相关。根据易方达基金统计，当基金持有时间为 3 年时，不亏损的概率显著提高到 80%；当基金持有时间为 5 年时，不亏损的概率就已超过 90%；当基金持有时间为 6 年以上，不亏损的概率就达到了 96.3%。

01/13

今日宜
滚雪球

星期五

壬寅年
腊月廿二

重视复利效应

通俗来说，复利就是不“提现”每次赚到的钱，而是进行再投资。随着时间的推移，复利能让本金呈指数形式增长。假如初始本金为 10 万元，年利率均为 10%，20 年后本金与利息之和可以达到 67 万元，40 年后本金与利息之和可以达到 453 万元。

01/14

王寅年

北方小年　　星期六　　腊月廿三

基金经理说

我一直持有投资适度分散的理念，因为人都会犯错。如果一个投资者真的有企业分析能力，那么适度分散就可以保证投资正确的次数更多，这样就能达到更加稳定的平均盈利效果。

——小丰基金 @ 张小丰

01/15

南方小年　　星期日　　壬寅年 腊月廿四

什么是“72法则”？

一般来讲，我们可以用“72 法则”来进行复利的粗略估计。如果年化收益率已知，那么我们就可以计算大约需要多少年你的本金就会翻倍。举例来说，如果年化收益率是 12%，那么大概需要 6（72/12）年就可以实现资产翻倍。

01/16

今日宜
理清逻辑

星期一

壬寅年
腊月廿五

常见的基金种类

我们可以把不同种类的基金看作里边装着不一样馅的包子：股票型基金是肉包子，债券型基金是素包子，混合型基金则是荤素搭配，货币型基金是没馅但很实在的大馒头。

01/17

今日宜
拥抱梦想

星期二

壬寅年
腊月廿六

哪种基金收益最高？

长期来看，股票型基金的收益率最高，同时风险也最大。数据统计显示，股票型基金的平均年化收益率在 12% 左右，债券型基金在 5% 左右，货币型基金的则在 2% 左右。

01/18

今日宜
认清自我

星期三

壬寅年
腊月廿七

合理的基金投资预期收益率是多少？

长期来看，即使是高风险的股票型或者混合型基金，其年化收益率也不会超过 20%。我们需要做的是降低收益预期，在市场波动时放平心态，学会做时间的朋友。

01/19

今日忌
急躁

星期四

壬寅年
腊月廿八

假期也有收益

货币型基金在节假日也是有收益的，其收益是以资金占用的实际天数来计算的，在节假日之前确定了份额，节假日就会产生收益。（特别提醒：今天下午 3 点前买入这类基金，才能享受春节假期的收益哦！）

01/20

大寒

星期五

壬寅年
腊月廿九

选基金前，清楚自己的底线

选择基金前，我们一定要知道自己能承受多大风险。并不是每个人都适合高风险、高收益的基金，我们需要根据自己的性格特点和风险承受能力选择适合自己的投资对象，这样不仅可以投资更安心，而且能获得理想的收益。

01/21

除夕

星期六

壬寅年
腊月三十

聪明投资者在这里

“新年纳余庆，佳节号长春。”由衷祝愿投资路上的各位朋友在新的一年里取得更大进步，为自己的家乡、为社会多做贡献。

——雪球人气用户 @ 飞龙在天论道

01/22

癸卯年

春节　星期日　正月初一

聪明投资者在这里

祝大家财运长久，雪球越滚越大。

——雪球公司创始人 方三文

01/23

癸卯年

初二　星期一　正月初二

哪些基金适合稳健型投资者？

稳健型投资者想要获取一定的收益，但又不愿承担太大的风险，因此混合偏债型基金更加适合他们，因为这些基金中的绝大部分资产投资于收益稳定的产品。

01/24

癸卯年

初三 星期二 正月初三

哪些基金适合积极型投资者?

积极型投资者比较享受追求收益的过程，也能承受相匹配的风险，偏股混合型基金和股票型基金更能得到他们的青睐。

01/25

癸卯年

初四　星期三　正月初四

用闲钱投资

简单说，闲钱就是短时间内不会用到的且属于自己的资金。用闲钱投资是从源头上控制风险的一种方式。

01/26

初五
迎财神

星期四

癸卯年
正月初五

选基金能否“抄作业”？

选择基金时，一定不能人云亦云或者听天由命。在选择的过程中，一定要搞清楚自己需要什么，并且不能忽视风险。我们要理性而自主地选择基金，才能做自己投资路上的主人。

01/27

今日宜
静心

星期五

癸卯年
正月初六

基金投资是“逆人性”的

一个合格的基金投资者首先要战胜的是自己的心态。因为成功的投资在一定程度上是需要“逆人性”的。而出于对痛苦的本能性逃避，投资者很容易忘记克制人性的恐惧和贪婪，继而迷失在股市的“红涨绿跌”当中。

01/28

今日忌

傲慢

星期六

癸卯年

正月初七

聪明投资者在这里

理财是场赛跑，有人 10 秒钟跑 100 米，有人 100 秒只前进 10 米，在没有到达终点之前，谁胜谁负还真的不好说。

——雪球人气用户 @ 建 idea

01/29

今日宜
平衡

星期日

癸卯年
正月初八

聪明投资者在这里

在投资与生活的平衡问题上，我们千万不要因为投资而缩减日常生活所需的现金流，不要加杠杆投资，并且需要留有一定生活备用金。另外，投资还是要尽量得到家人的支持。

——雪球人气用户 @ 量子咸鱼

01/30

今日忌

追涨

星期一

癸卯年

正月初九

牛市时是否需要跑步入场？

别人贪婪我恐惧，别人恐惧我贪婪；牛市来临时，很多投资者争先恐后进入市场，却不一定能够获利，甚至有可能被套牢在高位。投资是长期的事情，提前布局，才能收获长远利益。

01/31

今日宜
镇定

星期二

癸卯年
正月初十

熊市恐慌时
是否需要清仓?

市场下跌、熊市恐慌时，很多投资者减仓甚至清仓。市场震荡是正常现象，价格调整不一定完全是坏事。我们可以利用这段时间来研究市场，寻找具有长期价值的行业进行定投，分批建仓，静待花开。

基金交易知识

投资是一个【 慢即是快 】的过程，
你的认知，就是你基金账户的镜子。

Feb. / 二月

02/01

今日宜
创新

星期三

癸卯年
正月十一

首只证券类信托计划

2004 年 2 月，深圳国际信托投资公司推出了我国首只证券类信托计划——“深国投·赤子之心（中国）集合资金信托计划”，其业务模式是以信托公司作为发行方，银行充当资金托管方，私募机构受聘于信托公司负责资金的管理。这一信托计划开创了阳光私募基金的先河。

02/02

今日宜 癸卯年

积累 星期四 正月十二

什么是基金净值？

基金净值即每一份基金的价值，也是买卖基金时的交易价格。基金每天的涨跌幅度，代表单位净值的涨跌幅度。其中的累计净值，可以简单地看作基金历史业绩的累积。

02/03

今日宜
精确

星期五

癸卯年
正月十三

基金净值
并不是实时更新的

基金净值在每个交易日结束后才会更新，很多第三方机构为了满足基民需求，推出了基金净值的“盘中估值”。这个估值是推算的净值，最后还是要以基金公司公布的基金净值为准。

02/04

癸卯年

立春　星期六　正月十四

聪明投资者在这里

格局搞大一点，目光放长远一些。知其然，知其所以然，知其所以必然，是投资进阶的正确路径。

——雪球人气用户 @ 蓝山 520

02/05

癸卯年

元宵节　　星期日　　正月十五

投资大师说

让时间和金钱去工作，你只需坐下来等待结果。

——彼得 · 林奇

02/06

今日忌
片面

星期一

癸卯年
正月十六

基金净值越低越好吗？

当前净值的高低并不能决定未来的投资收益，只要基金的业绩表现一样，我们买不同净值的基金，所取得的最终收益都是一样的。

02/07

今日宜　　　　　　　　　　癸卯年
有新意　　　星期二　　　　正月十七

阳光私募的春天

2014 年 2 月 7 日,《私募投资基金管理人登记和基金备案办法（试行）》正式实施，这意味着阳光私募机构终于可以作为私募基金的发行主体，私募行业迎来了历史转折点。

02/08

今日宜 守候

星期三

癸卯年 正月十八

为什么基金成立后会有封闭期？

新基金在一段时间内需要根据市场情况来逐步完成初步的建仓布局。简单来说，基金经理募集到大家认购基金的资金，接下来就要拿着这些钱来配置股票、债券等资产了，这也叫作封闭建仓期。

02/09

今日宜　　　　　　　　　　　　癸卯年

买卖　　　　　星期四　　　　　正月十九

基金认购和申购的区别

基金的认购时间是在基金募集期内、基金尚未成立之前。基金认购是指投资者申请购买基金份额的行为，其认购净值为 1 元。基金申购则是指在基金成立后投资者申请购买基金份额的行为。

02/10

今日宜

计划

星期五

癸卯年

正月二十

聪明投资者在这里

我始终秉持一个理念：我是怎么想的，我就怎么做。投资一定要有章法。

——雪球人气用户 @ 我能逆袭

02/11

今日忌
急躁

星期六

癸卯年
正月廿一

基金经理说

赚公司的钱是需要时间的，我希望不管是投资人还是管理人，都要多一些耐心，不要太着急。因为赚钱只是我们的目的之一，没有时间积累，我们怎么知道这个企业的业绩是提高了还是下降了呢？这些都需要时间，我们要做时间的朋友，把雪球越滚越大。

——上海斯诺波 @ 丹书铁券

02/12

今日宜　　　　　　　　　　　　　　　　癸卯年

睿智　　　　　　星期日　　　　　　　正月廿二

聪明投资者在这里

我的座右铭就是“买在无人问津处，卖在人声鼎沸时”，绝佳的投资机会往往都在无人问津的角落。好股票也需要好价格，只有买得便宜，才能卖得随意。

——雪球人气用户 @ 不动如山君

02/13

今日宜
精打细算

星期一

癸卯年
正月廿三

基金申购费率是多少？

不同类型的基金申购费率是不一样的。一般来讲，股票型基金的申购费率为 0.8%～1.5%，债券型基金的申购费率为 0.4%～1%，混合型基金的申购费率为 0.6%～1.5%，货币型基金则不收取申购费。如果你在雪球基金申购的话，那么绝大部分产品申购费率都是一折起的。

02/14

情人节　　星期二　　癸卯年 正月廿四

聪明投资者在这里

与其定义“暖男”“渣男”，不如反思自己。当初买基金的时候都说要天长地久，结果跌了就是“一夜情”。如果买基金就像买股票那样进行“短平快”的操作，那么最终结果可能都是把“暖男”变成“渣男”。

——雪球人气用户 @ 喜胖不胖

02/15

今日忌　　　　　　　　　　癸卯年

频繁交易　　　星期三　　　正月廿五

什么是赎回费？

一般来讲，大部分基金持有的时间越长，赎回费率越低。对于大多数的非货币型基金，如果你持有的时间不超过 7 天，那么赎回费率会高达 1.5%，这也被称为“惩罚性赎回费”。

02/16

今日宜 癸卯年

持有 星期四 正月廿六

什么是基金的持有费用？

持有费用也称运作费用，是指基金日常运行中产生的费用，主要包括“管托销三费”，即管理费、托管费、销售服务费。这些费用每日都已从基金资产里面计提。

02/17

今日宜
省钱

星期五

癸卯年
正月廿七

在哪些渠道买基金最划算？

在第三方基金销售平台上买基金最划算，目前绝大多数基金的申购费都打一折。例如，某只基金的申购费率是 1%，本来申购 1 万元的基金要交 100 元申购费，但在雪球基金这类互联网平台上只需要交 10 元即可申购 1 万元基金。

02/18

今日宜

明确

星期六

癸卯年

正月廿八

聪明投资者在这里

你得明确自己的投资目的和预期，然后再去考虑所配置的这个工具是否能够实现你的预期。没有绝对正确的工具，只有适合自己的工具。

——雪球人气用户 @ 微积分量化价投

02/19

癸卯年

雨水　　星期日　　正月廿九

聪明投资者在这里

每一轮低估值都是我们不断积累股份的好时机：高筑墙（高安全边际），广积粮（低估时多积累股份），缓称王（不计较短时间盈亏，尊重复利的威力）。

——雪球人气用户 @ 银行螺丝钉

02/20

今日宜
冷静

星期一

癸卯年
二月初一

频繁操作会“吃掉”你的基金收益

普通投资者最好不要频繁操作，一方面是择时难度很大；另一方面，基金短期交易成本比较高，频繁操作很有可能在不知不觉中就把投资收益吞噬掉了。

02/21

癸卯年

龙头节　　星期二　　二月初二

公募基金的“双十规则”

公募基金的“双十规则”即一只基金持有一家上市公司市值不得超过基金资产净值的 10%，同一家基金公司旗下基金合计持有一家上市公司股份不得超过该公司股份的 10%。

02/22

今日宜

交易

星期三

癸卯年

二月初三

买基金时
是不知道价格的

开放式基金采用“未知价”交易原则，基金的申购、赎回价格，以申请当日收市后计算的基金份额净值为基准进行计算。你在 T 日 15:00 点前的申购、赎回、转换等交易，在当时是查不到 T 日的基金净值的。

02/23

今日宜
淡定

星期四

癸卯年
二月初四

聪明投资者在这里

人到中年，我现在最大的认知就是，大部分人都是最平凡的普通人，最终都会以普通的方式过完这一生。最好的投资就是，它就放在那里，偶尔瞄上几眼，其他时间你仍然有心情、有精力去工作，去生活，去旅游。

——雪球人气用户 @ 梅姨求索记

02/24

今日宜
明算账

星期五

癸卯年
二月初五

A类基金和C类基金的区别

A 类基金和 C 类基金是同一只基金的不同份额，它们的投资策略与标的完全一样，差异主要体现在费率上。A 类基金不收取销售服务费，而 C 类基金不收取申购费，但每日会计提销售服务费。一般来说，长期投资选 A 类基金，短期投资选 C 类基金。

02/25

今日宜
信任

星期六

癸卯年
二月初六

聪明投资者在这里

选择相信谁，是一种能力。我们需要拥有常识和分辨论据的能力。

——雪球人气用户 @ 痛快舒畅

02/26

今日忌
糊涂

星期日

癸卯年
二月初七

投资大师说

痛苦 + 反思 = 进步。每当我犯下痛苦的错误时，我都会把它看作一个谜题，如果我能解开这个谜题，我就能得到一块宝石，这些宝石就是我要记下来的原则，提醒我下次不要再犯这类错误了。

——瑞 · 达里欧

02/27

今日宜
分享

星期一

癸卯年
二月初八

基金的分红是什么？

基金分红即把基金所赚的钱返还一部分给投资人。分红并不是额外的收益，只是把原本就应该在基金账户里的资产，按照一定比例分出来，然后以现金的形式返还基民。

02/28

今日宜
看看窗外

星期二

癸卯年
二月初九

红利再投资是什么？

基金的分红方式分为现金分红和红利再投资。现金分红让投资者直接获得现金回报，红利再投资则是将所得现金红利转化为基金份额。这样不仅能免除手续费，更重要的是，可以实现复利滚雪球。

货币型与债券型基金

减少资产波动，
学会用简单的配比去应对复杂的博弈，
能长期拿住才是重中之重。

03/01

今日宜
规范

星期三

癸卯年
二月初十

新《证券法》施行

2020年3月1日，新《证券法》施行。作为资本市场根本大法，新《证券法》在多个热点问题上取得重大突破，为我国资本市场行稳致远提供了坚强的法治保障。这标志着我国资本市场的市场化、法治化迈上新台阶。

03/02

今日宜
稳健

星期四

癸卯年
二月十一

什么是货币型基金？

货币型基金主要投资于债券、央行票据、回购等安全性极高的短期金融品种。货币型基金的风险较低，流通性高，收益率一般在 2% 左右。

03/03

今日宜

负责

星期五

癸卯年

二月十二

聪明投资者在这里

明晰、遵守市场规则，严格执行投资策略，做好止盈、止损以及风险控制，把“对钱负责”培养成一种职业态度，才会让自己更有动力。

——雪球人气用户 @ 大牛将军

03/04

今日忌
盲目

星期六

癸卯年
二月十三

基金经理说

方法论越可靠，越有可能会阻碍投资观的进化，反而是投资以外的东西可能更重要。对生活的体悟永远是帮助完善投资观的重要路径。

——青岛君厚 @ 群兽中的一只猫

03/05

今日宜

远见

星期日

癸卯年

二月十四

聪明投资者在这里

价值投资的第一项，是能识别出那些未来价值比现在价值高的东西。这是很考验专业能力的，多数人并不具备如此长远的商业眼光。

——雪球人气用户 @ 认真的天马

03/06

癸卯年

惊蛰 星期一 二月十五

基金经理说

投资很难，难在保持理性，难在不跟风，难在不被市场情绪感染，难在要经常忍受煎熬。

——建谊投资 @ 黄建平

03/07

今日宜 稳重

星期二

癸卯年 二月十六

什么是7日年化收益率？

7 日年化收益率即货币型基金最近 7 日的平均收益水平，进行年化以后得出的数据。一般来说，货币型基金的 7 日年化收益率在 2% 左右。

03/08

妇女节 星期三 癸卯年 二月十七

聪明投资者在这里

基金投资人需要有慢慢变富的耐心，要容忍低波动，因为低波动是获取长期正回报的基本条件之一。

——雪球人气用户 @ 九龙十三姨

03/09

今日宜

选择

星期四

癸卯年

二月十八

基金规模是越大越好吗？

基金规模并不是越大越好，货币型基金也是如此，过大规模的基金在资产配置上难度大，会影响收益；规模过小的基金则可能会因为遇到大额赎回问题而产生流动性风险。

03/10

今日宜
增值

星期五

癸卯年
二月十九

聪明投资者在这里

在选择价值投资这条路上，我热衷于投资那些可以为股东持续创造价值的公司，因为我从没把投资看作一场百米赛跑，而是将其看作相伴一生的漫漫长途。

——雪球人气用户 @ 小七滚雪球

03/11

今日忌
追涨

星期六

癸卯年
二月二十

聪明投资者在这里

如果投资者真正想要获得不错的收益，那就需要在底部区域投资，而不是等到涨起来了再去追涨。如果在底部区域投资，时间就会成为我们的朋友；如果等到涨起来再追涨，时间就会成为我们的敌人。

——雪球人气用户 @ 无声

03/12

癸卯年

植树节　星期日　二月廿一

聪明投资者在这里

投资如种树，需要耐心浇灌，更需要风云中的悉心相伴。植物要接受阳光和风雨、积蓄时光方能成长。市场涨跌也正如天气一般时晴时雨，但经历过风雨兼程，才更能懂得坚持的价值。

——雪球人气用户 @ 小小草 008

03/13

今日忌
激进

星期一

癸卯年
二月廿二

什么是债券型基金？

债券型基金即对债券进行组合投资，寻求较为稳定的收益的基金。它的收益高于货币型基金，低于股票型基金。债券型基金在过去 10 年的平均年化收益率为 4% 左右。

03/14

今日宜
守法

星期二

癸卯年
二月廿三

内幕交易不可取

1997 年 3 月 14 日，新修订的《中华人民共和国刑法》在第八届全国人民代表大会第五次会议上通过。从此，内幕交易、编造传播虚假信息、操纵证券交易价格等犯罪行为将依法受到严惩，证券犯罪第一次被写进了法律条文。

03/15

国际消费者
权益日

星期三

癸卯年
二月廿四

稳健的纯债基金

“纯债基金”顾名思义就是全部投资债券的基金，具有低风险的稳健特征，适合稳健收益偏好者，也适合作为投资者资产配置时的“压舱石”和“备用子弹”。

03/16

今日宜

稳健

星期四

癸卯年

二月廿五

什么是中短债基金？

中短债基金主要指的是投资组合的久期控制在三年以内，对投资债券的到期年限有相应约束的基金。这类基金同时具有和货币型基金相似的高流动性特点，因此被称为“增强版货币型基金”。

03/17

今日宜
决断

星期五

癸卯年
二月廿六

该选短期还是中长期纯债基金？

教你一个技巧：看当前的市场利率，市场利率低就选短债基金，市场利率高就选中长债基金。

03/18

今日忌 骄傲

星期六

癸卯年 二月廿七

聪明投资者在这里

股市里凭运气赚的钱，一定会“靠着实力”亏回去。你赚了钱不一定是因为你多有本事，而是经济周期给你的机会。敬畏市场，敬畏趋势。

——雪球人气用户 @ 财经林妹妹

03/19

今日忌
诱惑

星期日

癸卯年
二月廿八

投资大师说

商业界通常会奖励潮流的追随者，但在投资界，失败会播撒下未来成功的种子。选择投资价格诱人、不受欢迎的产品通常会比选择定价很高的流行产品带来更高的预期收益。

——大卫·史文森

03/20

今日宜
先稳后胜

星期一

癸卯年
二月廿九

什么是“固收+”基金？

“固收 +”基金就是偏债混合型基金。收益稳定、风险低的债券是这类基金的基石，可以说是他们的“盾”；“+”的这部分则配置股票、可转债、衍生品等风险更高的资产，可以说是进攻收益的“矛”。

03/21

癸卯年

春分　　星期二　　二月三十

“固收+”基金对基金经理要求高

“固收+”基金对基金经理的要求非常高，要求基金经理既熟悉债券市场，又熟悉股票市场，并且还能根据市场的行情切换股票和债券的比例。

03/22

今日宜

成长

星期三

癸卯年

闰二月初一

“固收+”基金规模连年增长

近年来，“固收 +”基金数量与规模始终保持高增长势头，2022 年总体资产规模已接近 2 万亿元，是 2019 年的 4 倍，多只“固收 +”基金认购规模更是超过百亿元。

03/23

癸卯年

龙头节　　星期四　　闰二月初二

为什么“固收+”基金越来越受关注？

从某种程度上讲，“固收 +”基金做到了稳定性与收益的较好结合，这使得“固收 +”基金在近年来受到广泛关注，发展势头也稳步向好。

03/24

今日宜
博览

星期五

癸卯年
闰二月初三

如何判断基金的“固收+”属性？

基金的“固收 +”属性常常在名称中有所体现，常见的高频关键词包括“增强 + 债券”、转债、绝对收益等。在雪球 App 里点开“稳健理财”，即可找到相关产品。

03/25

今日宜
坦然

星期六

癸卯年
闰二月初四

聪明投资者在这里

投资是每个人的必修课。高学历者，或者金融专业毕业的人并不一定就能把投资做好。我始终认为，在投资过程中，认清大势和保持健康的投资心态是比较重要的两个点。

——雪球人气用户 @ 阡陌说

03/26

今日宜
谦逊

星期日

癸卯年
闰二月初五

聪明投资者在这里

金融市场是量化的现实社会，贪婪、恐惧、愚蠢都能得到有效、及时的反馈，市场的皮鞭从不留情。一旦投资久了，我们便更敬畏世界的不确定性。面对成功多一分谦逊，面对失败多一分豁达。

——雪球人气用户 @Polly 投资

03/27

今日宜
明辨是非

星期一

癸卯年
闰二月初六

基金开元与基金金泰成立

1998 年 3 月 27 日，南方基金和国泰基金率先发起设立两只封闭式基金，名字分别是基金开元和基金金泰，拉开了国内公募基金投资的序幕。

03/28

今日宜
稳步向前

星期二

癸卯年
闰二月初七

“固收+”基金表现优异

根据过去 10 年的数据，“固收 +”基金所属的偏债混合型基金指数在过去 10 年内的涨幅超过 100%，最大回撤只有 8% 左右，远胜于同期上证指数表现，平滑稳定，且能穿越周期。

03/29

今日宜

防守

星期三

癸卯年

闰二月初八

“固收+”基金的风险

对资金不同比例的分配，很大程度上决定了“固收+”基金的风险和收益的高低。把较大比例资金用于投资权益类资产的投资者或许会获得更高的收益，但面临的风险也相对较高；反之，收益虽然较低，但风险更低。

03/30

今日忌

急躁

星期四

癸卯年

闰二月初九

“固收+”基金适合哪些投资者？

“固收 +” 基金的产品特性使其进可攻、退可守，业绩相对稳定，适合投资新手，也适合具有一定投资经验的稳健投资者。

03/31

今日宜　　　　　　　　　　　　癸卯年
长期持有　　　　星期五　　　　闰二月初十

投资“固收+”基金的目标

投资“固收+”基金的目标是：不求短期领先，但求长期回报。选择优秀的“固收 +”基金并长期持有，才能穿越震荡周期，收获良好回报。

指数型基金

买指数型基金买的是对大批优秀的公司的信心，
买的是对国家经济发展形式，甚至是对国运的笃信！

04/01

今日宜

清醒

星期六

癸卯年

闰二月十一

反套路，
做聪明的投资者

从众心理是一种很普遍的心理，市场上涨时，投资者会蜂拥而至推动行情向上；市场下跌时，投资者则会争先恐后抛出持有的股票。聪明的投资者会反着来，虽然市场行情达到某个“冰点”并不一定就是市场底部，但大概率是相对低位的区域。

04/02

4月期间，
公募基金披露一季报

星期日

癸卯年
闰二月十二

聪明投资者在这里

我们的认知观念带来的后续投资动作，往往更能影响最终收益曲线的刻画。

——雪球人气用户 @ 书剑笑傲

04/03

4.1～4.30

A股上市公司披露一季报

星期一

癸卯年

闰二月十三

巴菲特强烈推荐的指数型基金

巴菲特几乎每年都会向普通投资者推荐指数型基金，他说："通过定期投资指数型基金，一个什么都不懂的业余投资者往往能够战胜大部分专业投资者。"

04/04

今日宜
学习

星期二

癸卯年
闰二月十四

什么是指数型基金？

指数型基金是以指数的成分股作为投资对象的一种被动管理式基金，最常见的如沪深 300 指数型基金、中证 500 指数型基金等。指数型基金是目前全世界规模最大的基金类型，且依然保持着强势的扩张势头。

04/05

清明

星期三

癸卯年
闰二月十五

巴菲特的10年“赌约”

2007 年巴菲特提出 10 年“赌约”，他表示没有职业投资人可以选出一个对冲基金组合，在 10 年后击败标普 500 指数。最终标普 500 指数型基金以 8.5% 的年化收益率，轻松击败了基金经理精挑细选的 5 只对冲基金平均 2.96% 的年化收益率。

04/06

今日忌
情绪主导

星期四

癸卯年
闰二月十六

指数型基金能够规避人性弱点

大部分指数型基金采用被动的管理模式，不依靠基金经理的选股能力，只需要机械地跟随买入指数的成分股就好了。选择指数型基金能够在一定程度上规避人性的弱点，克服投资者情绪的影响。

04/07

今日宜
拓展

星期五

癸卯年
闰二月十七

指数型基金为什么可以长期上涨？

购买指数型基金，买的是大批优秀的公司。只要一个经济体的经济持续向好发展，那么指数型基金就会和经济一起长期上涨。

04/08

今日宜

知行合一

星期六

癸卯年

闰二月十八

聪明投资者在这里

我们可以从两个方面辨别一个基金的投资方法：一方面，辨别基金经理的投资理念；另一方面，对照一些数据，看看基金经理是否能够做到知行合一，如果投资对象是指数型基金，就需要看编制规则和数据。

——雪球人气用户 @ 零城逆影

04/09

今日宜
稳健

星期日

癸卯年
闰二月十九

聪明投资者在这里

整体来说，宽基指数型基金的风险比较小，受单一行业政策或者“黑天鹅”事件影响较小，市场波动也比行业指数更小一些。

——雪球人气用户 @ 木子李贵

04/10

今日忌

一成不变

星期一

癸卯年

闰二月二十

指数型基金为什么能够“长生不老”？

指数型基金会通过定期调整成分股，引入优秀的新公司，剔除表现不好的老公司。这种机制能够保证指数型基金中的成分股一直都是最优秀的代表，做到“长生不老”。美股的道琼斯指数已经 100 多岁了，其最早的元老级公司都已经被时代淘汰，但是道琼斯指数仍然健在。

04/11

今日宜

积少成多

星期二

癸卯年

闰二月廿一

指数型基金的费用低廉

购买指数型基金的费用低廉，其管理费率相比一般主动型基金1.5% 的管理费率要低很多，仅为 0.5% 左右。千万不要小瞧1% 的费率差距，如果你买了 10 万元的基金，在持有 1 年后的管理费就是 500 元和 1500 元的差距。

04/12

今日宜
顺势而为

星期三

癸卯年
闰二月廿二

看好国运，选沪深300

沪深 300 指数涵盖了全市场 300 只优质股票，聚集了 A 股的核心资产，是最能代表中国股市的指数。巴菲特说投资就是赌国运，如果你看好国运，那么沪深 300 指数就是非常好的选择。

04/13

今日宜
钻研

星期四

癸卯年
闰二月廿三

看好核心资产，选中国A50

A50 指数区别于老牌宽基指数，单纯从规模角度去选取成分股。A50 指数的行业分布更加均衡，集合了各行业的龙头企业，盈利能力优秀，是 A 股各行业最具赚钱效应的核心资产。

04/14

今日宜
成长

星期五

癸卯年
闰二月廿四

看好新经济，选创业板

创业板指数是从创业板上市公司中挑选出规模最大、流动性最好的 100 只股票作为成分股，挑选的行业都是中国市场主体中最欣欣向荣、增长最快的部分。

04/15

今日宜

总结

星期六

癸卯年

闰二月廿五

基金经理说

面对未来市场的变化，总结、应对和进化才是前进道路上最应该做的事情。

——@ 仁布投资李德亮

04/16

今日宜

潜心学习

星期日

癸卯年

闰二月廿六

聪明投资者在这里

买指数，就是买行业。指数型基金的好处是能自动“新陈代谢”，比较让人省心，且不受基金经理能力的限制，可以获得行业的平均收益。

——雪球人气用户 @ 知融

04/17

今日宜
分散

星期一

癸卯年
闰二月廿七

看好中小盘，选中证500

中证 500 指数是反映沪深中小市值公司整体状况的指数，其样本股和沪深 300 指数的样本股没有重合。中证 500 指数的成分股包含不少细分行业龙头企业和“隐形冠军”。

04/18

今日宜

明辨

星期二

癸卯年

闰二月廿八

敲黑板啦！

金融产品“雪球结构”并非雪球旗下产品，“雪球结构”产品与雪球没有任何关联。市场上存在的“雪球结构”或“雪球结构收益凭证”，是一种由证券公司发行的、面向合格投资者的场外衍生品。

04/19

今日宜
开放

星期三

癸卯年
闰二月廿九

指数型基金中
最耀眼的那颗星：ETF

ETF 是交易型开放式指数型基金，也就是我们常说的场内基金，它和股票一样能够在二级市场上交易，只要你拥有股票账户就能买到它。

04/20

谷雨　　星期四　　癸卯年 三月初一

ETF为什么会出现折价或者溢价？

ETF 可以像股票一样交易，溢价代表场内价格高于基金净值，说明投资者非常看好这只 ETF 持仓的股票或者板块；折价则代表场内价格低于基金净值，说明大家并不看好这只 ETF，希望以低价抛售。

04/21

今日宜
聚焦

星期五

癸卯年
三月初二

什么是ETF联接基金？

因为很多投资者没有股票账户，无法交易 ETF，所以基金公司会围绕自家的 ETF 开发对应的 ETF 联接基金。这种联接基金可以在场外申购，基金经理会拿这些钱直接去投资自家的 ETF，来实现对指数的追踪。

04/22

今日宜

读书

星期六

癸卯年

三月初三

聪明投资者在这里

学习投资的过程，也是锻炼心性的过程。读书和学习可以缓解焦虑，也有助于情绪修复。市场低迷时，慢慢布局，认真读书，等市场好起来后，就能收获金钱并获得能力上的提升。

——雪球人气用户 @ 青瑟只鸟

04/23

世界
读书日

星期日

癸卯年
三月初四

聪明投资者在这里

对于投资人来讲，如果能获得一本好的投资书，那么其财富命运、人生命运都可能因此而改变。因此，一本好的投资书完全可以用价值连城来形容，正所谓“书中自有黄金屋”！

——雪球读书节 @ 闲来一坐 s 话投资

04/24

今日宜
甄选

星期一

癸卯年
三月初五

ETF综合交易费用更低

ETF 费用主要包括两个方面：一是基金运作费用，其中管理费率为 0.15%～0.5%，托管费率为 0.05%～0.1%；二是交易费用，目前主流券商的佣金都为万分之二到万分之三。整体来看，场外指数型基金的费用要高于 ETF 的费用。

04/25

今日宜
长情

星期二

癸卯年
三月初六

为什么要定投指数型基金？

定投指数型基金能让我们克服人性的弱点，获得市场平均收益，甚至获得超额收益。因为定投可以通过分批买入的方式帮助投资者降低风险，降低持仓成本，即便买在了相对高点，之后的定投也能把买入成本降低。

04/26

今日忌
贪婪

星期三

癸卯年
三月初七

定投指数型基金如何止盈止损？

指数型基金止盈：可以给自己设定止盈点，达到目标就卖出，或者在市场高估时卖出。指数型基金止损：可以参考巴菲特卖出股票的三个原则，即当基本面恶化、价格过于昂贵或者有更好的投资产品时，可以考虑卖出。

04/27

今日宜
持有

星期四

癸卯年
三月初八

假期也有收益

货币型基金在节假日也是有收益的，其收益是以资金占用的实际天数来计算的，在节假日之前确定了份额，节假日就会产生收益。（特别提醒：今天下午 3 点前买入这类基金，才能享受五一假期的收益哦！）

04/28

今日宜
均衡

星期五

癸卯年
三月初九

如何用指数型基金构建组合？

构建组合的目的是防止押错市场风格，所以要降低组合内标的的相关性，比如沪深 300 和中证 500 指数型基金的搭配，便能兼顾大盘和中小盘风格。

04/29

今日忌
故步自封

星期六

癸卯年
三月初十

基金经理说

投资中没有躺赢的美梦，即使选择了一个还不错的行业和公司，也需要不断跟踪研究，时刻保持警惕，敬畏环境的变化，敬畏政策的更替，敬畏市场，这样才能在发生一些变化时作出正确的投资决策。

——@涌津投资谢小勇

04/30

今日宜　　　　　　　　　　　　　　　　　癸卯年
冷静　　　　　　　星期日　　　　　　　　三月十一

投资大师说

交易要像壁虎一样，平时趴在墙上一动不动，蚊子一旦出现就迅速将其吃掉，然后恢复平静，等待下一个机会。

——“量化投资鼻祖”詹姆斯·西蒙斯

主动型基金

每一条净值曲线，都是基金经理价值观、人生观的折射。

May. / 五月

扫码领取基金课

05/01

癸卯年

国际劳动节　　星期一　　三月十二

什么是主动型基金？

如果把指数型基金比作一个工具的话，那么主动型基金更像是一个管家。优秀的基金经理可以通过自身的认知和研究，帮助我们找到上市公司群体中增长更快的一部分公司，投资它们能够取得大于投资指数型基金的超额收益。

05/02

今日宜
主动出击

星期二

癸卯年
三月十三

主动型基金能打败市场

在 A 股市场，大部分主动型基金是能够跑赢市场的。过去 10 年，偏股混合型基金指数、灵活配置型基金指数的年化收益率均在 10% 以上，因此受到不少基民的欢迎。

05/03

今日宜
解惑

星期三

癸卯年
三月十四

选择主动型基金的12字方针

如何从数千名基金经理中选出优秀的基金经理？牢记 12 字方针——长期净值、业绩归因、人格认知。

05/04

癸卯年

青年节 星期四 三月十五

A股首只跨市场ETF

华泰柏瑞沪深 300ETF 在 2012 年 5 月 4 日正式成立，以近 330 亿元的首募规模创下当时的发行纪录，把沪深 300 指数简化成一只大股票，其独创的 T+0 股票实时现金替代模式成为跨市场 ETF 运作的范本。

05/05

今日宜
看长线

星期五

癸卯年
三月十六

长期净值

一般来说，从业时间越长，业绩的有效性越高。尤其是有 8 年以上从业经验、经历过“牛熊洗礼”还能保持超额收益的基金经理，大都很优秀。如果基金经理的从业时间不够长，我们至少也要看其 3～5 年的业绩，才能合理评估他的投资能力。

05/06

癸卯年

立夏 星期六 三月十七

聪明投资者在这里

相较于每天以投资为业、花费很多的时间和精力，而且有庞大的研究团队进行支持的基金经理，普通人的择时能力，除了少数的高手外，大概率都是比不上他们的。

——雪球人气用户 @ 熊思远

05/07

今日忌
从众

星期日

癸卯年
三月十八

聪明投资者在这里

投资中最重要的是要有自己的一套体系，然后严格在这个体系中运行，并不断丰富、完善这个体系。

——雪球人气用户 @ 爆点投资

05/08

今日宜　　　　　　　　　　　　　　　　　癸卯年
探究　　　　　　　　星期一　　　　　　　三月十九

业绩归因

基金的业绩只是一个表象，想要更深入地了解一个产品，我们需要看这个业绩是基金经理通过哪些操作取得的，例如，选股还是择时、重仓某一行业还是均衡分散投资等，进而判断他的业绩可不可以持续。

05/09

今日宜
认知

星期二

癸卯年
三月二十

人格认知

投资主动型基金的本质是投资人，每一条净值曲线，都是基金经理价值观、人生观的折射。人格认知是对基金经理更高维度的理解，只有深刻了解一个人的价值观和理念，才能更加深刻地理解他管理基金的底层逻辑，知晓他是否知行合一。

05/10

今日忌
赌博

星期三

癸卯年
三月廿一

为什么短期业绩不靠谱？

短期的收益冠军具有一定的运气成分，基金圈里面有一句非常著名的话——“一年翻倍者多，三年一倍者少”，讲的就是长期业绩的重要性。

05/11

今日宜
创新

星期四

癸卯年
三月廿二

A股首只可转债基金成立

2004 年 5 月 11 日，兴业可转债混合型证券投资基金正式成立，募集份额为 32.82 亿份。这只基金是国内首只可转债基金。

05/12

今日宜
乐观

星期五

癸卯年
三月廿三

什么是业绩比较基准？

业绩比较基准通常被理解为基金业绩的合格线，即通过对比基金业绩及其走势来判断管理水平和基金盈利能力。一般来说，偏股型基金通常会把沪深 300 指数作为主要的业绩比较基准。

05/13

今日宜
理性

星期六

癸卯年
三月廿四

聪明投资者在这里

在公司遇到问题的时候，我们需要去盯紧当时让你买入的那些因素，看看那些因素还在不在，剩下的就是给管理层信任和时间。不然你就会变成一根“墙头草”，觉得公司发展好的时候就赶紧跑进去，公司有点风吹草动就赶紧跑出去。

——雪球路演“2022 巴菲特股东大会”@villike

05/14

癸卯年

母亲节　星期日　三月廿五

聪明投资者在这里

我妈这一生，就是和祖国一起成长、一起腾飞的一生。感谢我妈，感谢命运，感谢时代，接下来要做的就是跟着时代的脚步，通过努力改变自身及下一代的命运。

——雪球人气用户 @ 钓鱼蜜一泽北荣志

05/15

今日宜

自省

星期一

癸卯年

三月廿六

什么是最大回撤？

简单来说，最大回撤就是过去某一段时间内基金的最大跌幅。历史最大回撤的意义在于，我们可以通过它去衡量基金经理的风险控制水平，以及衡量如果我们买这个基金，从历史业绩推演，阶段性可能面对的最大损失是多少。

05/16

今日忌

频繁交易

星期二

癸卯年

三月廿七

什么是换手率？

换手率指的是基金经理调仓换股的频繁程度。例如，如果一只基金的换手率是 100%，说明在这个周期内，基金经理把所有的股票基本上换了一遍；如果换手率是 200%，则说明他把股票换了两遍。

05/17

今日宜
分辨

星期三

癸卯年
三月廿八

什么是选股能力？

所谓选股能力，说的是基金经理在配置股票的时候，能否做到涨得多的股票多配置，涨得少的股票少配置，如果是，那么我们可以理解为基金经理的选股能力是优秀的。

05/18

今日宜　　　　　　　　　　　　　　　　　　　　　　癸卯年
决断　　　　　　　　　星期四　　　　　　　　　　三月廿九

什么是择时能力？

所谓择时能力，说的是基金经理能否在市场上涨的时候保持高仓位，在市场下跌的时候保持低仓位。如果是，那么我们可以理解为基金经理的择时能力是优秀的。

05/19

今日宜
通观全局

星期五

癸卯年
四月初一

什么是自上而下的选股方法？

自上而下的选股方法是指基金经理在进行投资的过程当中，首先从宏观环境出发确定当前适合配置的资产类别，其次下沉挑选受益的相关行业，最后再从选定行业中挖掘优质个股，从而完成自己对于投资组合的搭建。

05/20

今日宜
表白

星期六

癸卯年
四月初二

基金经理说

我跟女朋友说："你买什么基金我不管，但是你买的基金的名字和代码要告诉我。"我每一个季度要刷一遍这个基金的前十大重仓股，帮她兜着。

——雪球路演"520"特别策划 @ 问鼎资本一张佳男

05/21

癸卯年

小满　　星期日　　四月初三

聪明投资者在这里

其实通胀投资就一句话："投顶流，投龙头"。就像人一样，如果你是这个行业的领先者，那你就可以抵御通胀，让别人付给你更多钱。所以通胀和自我提升一样，大家都要做行业的精英。

——雪球路演"2022 巴菲特股东大会"@pegcap

05/22

今日忌
浮躁

星期一

癸卯年
四月初四

聪明投资者在这里

投资，是自己认知变现的结果。我们要直面自己的问题，如体系、选股、仓位等，不然同样的问题还会出现。

——雪球人气用户 @ 滇南王

05/23

今日宜
精细

星期二

癸卯年
四月初五

自下而上的研究方法

自下而上的研究方法指的是基金经理在投资过程当中，从上市公司的基本面入手分析，从企业的财务、竞争环境、未来发展前景、管理层等方面入手研究，他们关注更多的是企业本身，而不是宏观政策。

05/24

今日宜

斟酌

星期三

癸卯年

四月初六

什么是晨星年度基金奖？

晨星年度基金奖在全球享有多年的盛誉，目的是评选出同类基金的最佳管理奖项，对长期业绩表现出色且年度业绩表现突出的基金管理团队给予肯定，并为投资者进行长期投资提供参考。晨星（中国）在每年3月份左右会评选出5～6只获奖基金。

05/25

今日宜
进步

星期四

癸卯年
四月初七

什么是金牛奖？

金牛奖享有“中国基金业奥斯卡奖”的美誉。一般来说，金牛奖分为两类：一类是对公司颁奖；另一类是对产品颁奖，也就是大家熟知的金牛基金。涉及单只基金的奖项分为“七年期持续优胜金牛基金”“五年期持续优胜金牛基金”“三年期持续优胜金牛基金”。

05/26

今日宜
逐步渐近

星期五

癸卯年
四月初八

聪明投资者在这里

股价的短期波动非常无序，我们总是能找到支撑我们观点的一大堆理由，但是这些东西对于投资决策都没有太多帮助。

——雪球人气用户 @ 建 idea

05/27

今日忌
情绪化

星期六

癸卯年
四月初九

投资大师说

将情绪因素从你的投资计划中剔除，保持对未来回报的理性预期，不要奢求一夜暴富。投资最严重的错误之一就是受市场影响，在股票价格上涨时买入，在价格跳水时卖出。类似这样的冲动将摧毁的可能是最好的投资组合。

——“指数基金之父”约翰·博格

05/28

今日宜
平常心

星期日

癸卯年
四月初十

基金经理说

在市场待得够久，就会发现市场上时不时会发生各种极端的事情，而且会出现信息过载的情况。那么对于我自己来讲，就是要保持平常心，降低收益率预期，不做择时，只做择价，选择和优秀的公司一起分享价值，一起成长。

——阿杏投资 @ 吉普赛 007

05/29

今日宜

思考

星期一

癸卯年

四月十一

聪明投资者在这里

不同风险偏好的投资者，对有不同风险收益特征的产品需求肯定是有所不同的。对较低风险偏好的投资者来说，一定比例的股债配置依然是不错的选择。

——雪球人气用户 @ 懒人养基

05/30

今日宜
价值投资

星期二

癸卯年
四月十二

聪明投资者在这里

真正的价值投资不是去贪便宜，不是去投资那些没有成长性、没有前景的看似被低估行业的公司，而是投资高增长率、有前景的“好行业”的优质公司。

——雪球人气用户 @ 朱贰哥

05/31

今日宜
突破

星期三

癸卯年
四月十三

宁德时代首破万亿元市值

2020 年 5 月 31 日，宁德时代高开高走，股价一度达到 429.83 元每股，总市值当日高点为 10 010.74 亿元。借助这一波上涨，宁德时代成为 A 股创业板市场首个市值突破万亿元的科技公司。

行业基金
当球进入你的最佳击球区时，
请不要犹豫，狠狠挥棒！
Jun. / 六月
扫码领取基金课

06/01

癸卯年

国际儿童节　星期四　四月十四

聪明投资者在这里

我曾经跟我儿子说过这样一段话：一个人的自信不能仅仅建立在有钱这件事的基础上，你的自信应该建立在你的人格魅力、你的学识、你的知识等综合能力上，这才是让一个人强大的根源。

——雪球人气用户 @ 看好股市的新人

06/02

今日宜
聚焦

星期五

癸卯年
四月十五

什么是行业基金？

行业基金就是聚焦某个行业进行投资的基金，如医药主题基金、新能源主题基金、消费主题基金、半导体主题基金等。由于聚焦单一行业，行业基金的波动很大，属于高风险、高收益产品。

06/03

今日宜 癸卯年

放眼量 星期六 四月十六

基金经理说

中概股过去经历了很多波折，但随着时间的推移，这些劫难总会过去，其背后是公司通过产品、服务和营业收入向市场证明的自身价值。回头看，对于优秀的公司而言，曾经所有的劫难时点，都是极好的入场机会。

——大道全球精选 @ 梁剑

06/04

今日宜

前进

星期日

癸卯年

四月十七

聪明投资者在这里

银行的生意非常复杂。不要看着估值低就认为挣钱容易。投资中最难的，莫过于定期理性审视已经做出的投资决策，在发现错误的时候推翻自己过去的认知。

——雪球人气用户 @ ice_ 招行谷子地

06/05

今日宜
判断

星期一

癸卯年
四月十八

行业的生命周期

我们可以把一个行业的发展历程简单分为：初创期、成长期、成熟期与衰退期。在初创期，行业的发展可预期，但商业模式尚在探索；在成长期，行业的发展可预期且盈利模式已然清晰；在成熟期，行业有稳定增长的业绩，但预期处于下滑阶段；在衰退期，行业则开始走下坡路。

06/06

癸卯年

芒种　星期二　四月十九

行业基金的优势

行业基金可以帮助大家省去选股的烦琐，“一键打包”一个行业的龙头公司，更轻松、更便捷地享受这个行业的上涨红利！

06/07

今日宜
成长

星期三

癸卯年
四月二十

投资行业基金的核心

投资者之所以选择这个行业，而不是另外一个行业，就是认定它的增速会超过上市公司平均的增长速度，并能超越中国经济整体的增速。基于这样的初心，理想的投资目标就是：这只行业基金“收益率 > 沪深 300 指数收益率 > 所有上市公司的整体收益率 > GDP 增长率”。

06/08

今日宜　　　　　　　　　　　　　　癸卯年

捕获　　　　　星期四　　　　　　四月廿一

行业基金的分类

根据申万的行业划分，一级行业有 28 个之多，具体到行业基金的分类又有很多。常见的热门大类行业有消费、科技、医药生物、金融与周期 5 个行业。

06/09

今日宜

消费

星期五

癸卯年

四月廿二

消费类行业基金

消费行业“牛股”倍出，各国股市上的 10 倍收益的“牛股”，大概 1/3 是消费股。也正因如此，公募基金布局消费领域非常火热，如汇添富消费行业混合型基金，成立近 10 年来的年化收益率超过了 20%。

06/10

今日宜
未雨绸缪

星期六

癸卯年
四月廿三

聪明投资者在这里

市场的短期走势是不可预测的，牛市、熊市的变化也是后知后觉的，依靠预测做投资本身就是一种自负的表现。站在弱者的角度，我们不轻易去做预测，而是提前想好应对之策。

——雪球人气用户 @ 价值发现

06/11

今日宜

热爱

星期日

癸卯年

四月廿四

聪明投资者在这里

如果说有什么是攻坚克难的秘诀，我想那就是热爱吧！基金投资已然和睡觉、吃饭一样成为我生活的一部分，夸张一点说，可以没对象，不能没基金。

——雪球人气用户 @ 基民柠檬

06/12

今日忌
追高

星期一

癸卯年
四月廿五

上证指数5178点8周年

2015 年 6 月 12 日，上证指数涨至 5178 点，为上证指数历史上的第二高点。之后的时间里，A 股市场出现了较大变化：机构投资者比重增长，杠杆风潮不再，投资者更注重企业的内生价值。

06/13

今日宜

扩圈

星期二

癸卯年

四月廿六

科技类行业基金

科技行业是一个跨度非常大的行业，当前科技板块已经覆盖通信、电子、计算机互联网、新能源等多领域。半导体是科技领域避不开的热点，知名的诺安成长混合基金就是重仓半导体行业的基金。

06/14

今日宜 专业

星期三

癸卯年 四月廿七

医药生物类行业基金

医药生物行业包含的范围很大，如创新药、疫苗、医疗器械、医药研发以及生产外包服务（CXO）等，其投资专业门槛很高。近几年涌现了不少医药明星基金，如葛兰管理的中欧医疗健康混合、赵蓓管理的工银前沿医疗股票等。

06/15

今日宜 癸卯年

和解 星期四 四月廿八

金融类行业基金

金融行业的个股一直有“三低”的特点——估值低、平均涨幅低、机构配置低——容易产生大量破净股。相应地，这个行业的基金也具有类似的特点，但有时也会有爆发行情。

06/16

今日忌
逆势

星期五

癸卯年
四月廿九

周期类行业基金

周期行业与国内经济和国际经济波动相关性比较强。其行业特征是产品价格周期性波动，而产品价格又决定了企业的盈利，所以反映在股价上也往往是暴涨暴跌。典型的周期类行业基金有华宝油气、煤炭 ETF 等。

06/17

今日忌

傲慢

星期六

癸卯年

四月三十

聪明投资者在这里

一个容易理解的逻辑是，“护城河”可以让你不会很快衰落，但并不保证你继续增长。关于“护城河”的另一个逻辑是，你在自己所在领域的确有“护城河”，但你的领域本身不再重要了。

——雪球人气用户 @ 卫夕

06/18

癸卯年

父亲节　星期日　五月初一

聪明投资者在这里

我爸从小教育我的一件事情就是“天晴要积下雨粮”。运用到投资当中，这就是对现金流的管理，或者平时大家尽量不要上杠杆。因为在一般情况下，你上杠杆是没事的，但是在遇到系统性风险的时候，你可能就会扛不住，从而造成永久性的损失。

——雪球人气用户 @ 铁公鸡金融

06/19

今日忌　　　　　　　　　　　　癸卯年
高估　　　　　星期一　　　　　五月初二

行业估值很重要

投资一个行业，评估当前的估值很重要，如果某个指数的估值非常高，则短期可能有大幅回调的风险，比如 2022 年初，中证新能源汽车产业指数的市盈率（PE）超过了 100 倍，PE 百分位超过了80%，不久就发生了大幅回撤。即便是高成长行业，当估值比较极端时，我们也要尽量规避。

06/20

今日宜 比较

星期二

癸卯年 五月初三

什么是市盈率？

市盈率通常用 PE 表示，它是股价与每股收益的比值，是衡量估值高低的重要指标之一，可以大致理解为按照公司现在的盈利能力，我们买下这家公司后多少年可以回本。一般来说，成长类行业比较适合用 PE 估值，如消费、新能源等行业。

06/21

夏至　　星期三　　癸卯年 五月初四

什么是PE百分位？

PE 百分位的意思是将历史上的 PE 数据进行排列，目前的百分位高于历史上的时间。比如，当前的 PE 百分位为 25%，那么说明当前 PE 高于历史上 25% 的时间。所以 PE 百分位最大的变量是 PE 取值的时间，取值的时间越长，越有参考性，而如果时间太短，PE 百分位就失去了参考价值。

06/22

癸卯年

端午节 星期四 五月初五

什么是市净率？

市净率通常用 PB 表示，它是股价与每股净资产的比值，是衡量估值高低的重要指标之一，反映的是普通股股东愿意为每一元的净资产支付的价格。一般来说，周期类行业比较适合用 PB 估值，如银行、煤炭、钢铁等行业。

06/23

今日宜　　　　　　　　　　癸卯年

等待　　　　星期五　　　　五月初六

什么是PB百分位？

PB 百分位和 PE 百分位的意思相近，例如，当前的 PB 百分位是80%，就是说当前的PB高于历史上80%的时间。一般来说，PB 百分位越低，估值就越低。

06/24

今日宜

明察

癸卯年

星期六

五月初七

北斗定位侦破
獐子岛违规行为

2020 年 6 月 24 日，中国证监会通过北斗卫星定位的手段，确认了獐子岛存在违法违规情形，对相关当事人分别作出了行政处罚、市场禁入等决定。

06/25

今日忌
便宜

星期日

癸卯年
五月初八

投资大师说

价值投资意味着要去探寻什么是最好的价值，不要因为某样东西看起来很贵就认为它很有价值，也不要因为某只股票价格下跌或者市盈率很低，就认为它很便宜。

——比尔·米勒

06/26

今日忌
孤注一掷

星期一

癸卯年
五月初九

提防行业基金的高风险

行业基金踏准了风口，确实能在短时间内表现出超强的爆发力。但也因为单押一个行业，一旦行情不好，回撤十分剧烈。例如，中概互联网 ETF 在 2022 年的最大回撤超过 50%，直接“腰斩”。

06/27

今日宜

明辨

星期二

癸卯年

五月初十

你买的是真的行业基金吗？

一般而言，基金的名称有一个统一的结构：基金管理人 + 投资方向 + 基金类型。从投资方向我们就可以看出这只基金是投往哪个行业的。有些时候，基金名称中未明确投资的行业主题，那我们就可以看看基金前十大重仓股的行业分布。

06/28

今日宜
干杯

星期三

癸卯年
五月十一

招商中证白酒指数型基金

招商中证白酒指数型基金是规模最大的消费类基金，成立以来年化回报率超过 20%，规模最大时逼近千亿元，持有人户数超过千万，被称为“国民基金”。该基金跟踪中证白酒指数，重仓股包括贵州茅台、五粮液等，前十大重仓股持仓占比超 85%，持股集中，属于高风险、高收益类基金。

06/29

今日宜
拓展认知

星期四

癸卯年
五月十二

聪明投资者在这里

食品饮料产业是人类的刚需产业，对于很多奢侈品，人们可以不去消费，但是食品、水是人们每天都不可缺少的，这个产业的长周期增长特征非常显著。

——雪球人气用户 @ 江瀚视野

06/30

今日宜
自强

星期五

癸卯年
五月十三

中概互联网ETF

中概互联网 ETF 是规模最大的互联网行业基金。该基金跟踪中证海外中国互联网 50 指数，汇聚了无数的“丐帮人”。不少基民通过中概互联网 ETF 投资互联网龙头企业，比如在 2021 年 6 月～2022 年 6 月，越跌越买，不断加仓。

私募基金
人生最宝贵的事物是时间，
把钱交给专业的人，把时间留给爱的人。
Jul. / 七月
扫码领取基金课

07/01

建党节　　　　　　　　　　　　　　　　癸卯年

香港回归纪念日　　　　星期六　　　　五月十四

《香港互认基金管理暂行规定》执行

《香港互认基金管理暂行规定》自 2015 年 7 月 1 日起执行，标志着内地与香港地区开启基金互认，香港地区成立的基金可以向内地销售，内地成立的基金也可以进入香港地区市场。

07/02

7.1～8.31
公募基金披露半年报

星期日

癸卯年
五月十五

基金经理说

我们能做的，就是在纷繁复杂的世界里，用我们的深度研究来寻找可能的投资机会。这些机会在每个阶段都有，不论市场乐观的时候，还是悲观的时候。

——@ 百创资本陈子仪

07/03

7.1～8.31
A股上市公司披露半年报

星期一

癸卯年
五月十六

什么是私募基金？

所谓私募基金，就是非公开发行、向特定对象募集的基金。100 万元起投的高门槛让私募基金更加聚焦高净值用户，且私募基金经理的奖金是跟业绩挂钩的，因此更具激励性。

07/04

今日宜

灵活

星期二

癸卯年

五月十七

私募和公募的区别是什么？

首先，投资门槛不同，私募基金面向特定合格投资者发行，相对于公募而言门槛较高；其次，私募基金可以更加灵活地参与投资，比如，私募比公募的投资策略更多元化、可投资标的更多，仓位更灵活，同时优质量化策略大多集中在私募基金。

07/05

今日宜

学习

星期三

癸卯年

五月十八

私募基金有哪些投资策略？

私募基金的投资策略分别是股票策略、事件驱动、商品交易顾问（CTA）、相对价值、宏观策略、债券策略、组合策略、复合策略。其中，股票策略以股票为主要投资标的，是目前国内私募基金最主流的投资策略。

07/06

今日宜　　　　　　　　　　　　　　　　癸卯年

前进　　　　　　　星期四　　　　　　　五月十九

第一家“私转公”基金公司成立

2016 年 6 月，中国证监会批复核准设立鹏扬基金管理有限公司，同年 7 月 6 日，鹏扬基金正式成立，成为首家“私转公”基金公司。

07/07

癸卯年

小暑　星期五　五月二十

小众宝藏策略——CTA

CTA 策略，被称为“商品交易顾问策略”。简单来说，CTA 策略是指投资于期货市场的策略，这是与投资于股票市场策略的最大不同。CTA 策略向来被誉为“危机中的 alpha”，在行情波动较大的情况下，常有不俗的表现。

07/08

今日宜

从容

星期六

癸卯年

五月廿一

聪明投资者在这里

投资是生活的一部分，但不是全部。不要让涨涨跌跌左右了自己的心情，我们如果能用持有货币基金那样的心态去对待每天的基金账户，会更从容自在。

——雪球人气用户 @ 基星高照

07/09

今日忌　　　　　　　　　　　　　　　　　　癸卯年

跟风　　　　　　　星期日　　　　　　　五月廿二

聪明投资者在这里

任何一种风格当然都能找到理论依据，但任何一种风格不过是特定的宏观环境与某一类风格偏好的增量资金共振的结果。在资本市场的跟风效应下，任何一种风格都会被过度演绎，一旦宏观环境变化，风格转换就会悄然出现。

——雪球人气用户 @ 思想钢印 9999

07/10

今日宜
守住边际

星期一

癸卯年
五月廿三

投资大师说

安全边际总是取决于付出的价格。它在某个价格时会很大，在其他一些价格时会很小，而价格更高时，它便不复存在。

——本杰明 · 格雷厄姆

07/11

今日宜 癸卯年

选购 星期二 五月廿四

从哪些渠道购买私募基金?

购买私募基金的渠道主要分为两大类：直销和代销。直销是指私募基金公司直接将基金卖给投资人，代销则是指私募基金公司通过代销渠道把基金卖给投资人。其中，代销渠道包括券商、第三方财富平台，如雪球 App 等。

07/12

今日宜

赚钱

星期三

癸卯年

五月廿五

什么是合格投资者？

一般情况下，一只私募基金的起购资金是 100 万元，机构需要提供净资产不低于 1 000 万元的证明，个人需要提供金融资产不低于 300 万元或最近 3 年个人年均收入不低于 50 万元的材料证明。若合格投资者认证通过，就可以购买私募基金。

07/13

今日宜　　　　　　　　　　　　　　　　癸卯年

学习　　　　　　星期四　　　　　　　五月廿六

聪明投资者在这里

私募基金的选择，可以用 12 字方针来总结：“人格认知、长期业绩、业绩归因”。人格认知是对管理人投资能力的一种具体化，长期业绩是为了确定管理人是否有投资能力，业绩归因有助于投资者了解管理人的投资理念和策略。

——雪球人气用户 @ 不明真相的群众

07/14

今日宜
创业

星期五

癸卯年
五月廿七

“公转私”很常见

“公转私”的案例在私募圈很常见，比如“公募一哥”王亚伟“奔私”后创立了千合资本，公募届“长跑健将”董承非加盟睿郡，基金“四冠王”赵诣奔赴泉果等。

——雪球人气用户 @ 基金风云录

07/15

今日宜

思考

星期六

癸卯年

五月廿八

聪明投资者在这里

我曾经问过老巴：钱对你已经没啥意义了，你做投资的意义在哪里？老巴说：这是一个很好玩的游戏啊！我觉得这和打高尔夫有点像，都对身体健康有帮助。

——雪球人气用户 @ 大道无形我有型

07/16

今日忌
短视

星期日

癸卯年
五月廿九

聪明投资者在这里

选基金经理时，就要选那种久经沙场、临危不惧的将帅之才。你要选一个拥有 8～10 年管理经验的经理，他好市场、坏市场都经历过，只有牛市、熊市都挺过来的，才是久经沙场的优秀经理。

——雪球人气用户 @ 小 Lin 说

07/17

今日忌
排名

星期一

癸卯年
五月三十

聪明投资者在这里

公募的顶流基金经理，就好像攻读博士学位一样，在“原东家”接受非常标准化且扎实的投资训练并脱颖而出。一朝“毕业”，便奔赴私募，尽情发挥所长！这是一种强大投资禀赋和能力的展现，使得私募资产本身更有吸引力。

——雪球人气用户 @ 基金风云录

07/18

今日宜　　　　　　　　　　癸卯年

分析　　　　星期二　　　　六月初一

基金经理说

我的投资理念包含两个方面：在选股方面，与伟大的企业共同成长，自下而上精选个股；在面对市场波动与涨潮退潮中，坚持尊重趋势、策略适配。

——@ 中欧瑞博吴伟志

07/19

今日忌　　　　　　　　　　　　癸卯年

择时　　　　星期三　　　　六月初二

基金经理说

投资就是“知”和“行”两件事情统一的商业活动，不光要做不断的产业深度研究、全球视野的海外研究，还要对历史、哲学、经济等各方面问题进行长期的深入的研究，才能够获得更高层次的洞见。

——熙德博远 @ 李秋实的投资修行

07/20

今日宜
省钱

星期四

癸卯年
六月初三

投资基金需要择时吗？

投资基金大部分时间不需要择时，因为择时很难。预测短期市场是一种超乎寻常的能力，但绝大多数人都不具备，即使有些投资人能够成功一两次，长期来看也不可持续。股票价格的波动、对短期走势判断的倾向都是价值投资知易行难的主要原因。

——雪球人气用户 @jiu 零后

07/21

今日宜　　　　　　　　　　　　　　癸卯年

稳赢　　　　　星期五　　　　　　六月初四

买私募基金需要支付哪些费用？

私募基金行业采用“1-2-20”收费模式，即 1% 的认申购费、2% 的管理费、20% 的业绩报酬。但近些年来由于竞争的激烈和新兴销售渠道的崛起，部分私募基金在各项费率上进行了一定的让步，如认购费减免，降低管理费、设置业绩报酬计提基准等。在雪球购买私募基金，就可以免除认购费和申购费。

07/22

今日宜 癸卯年

开创 星期六 六月初五

科创板正式开板

2019 年 7 月 22 日，上海证券交易所迎来历史性时刻，科创板正式开板并迎来开门红，25 家首批企业成功上市后的平均涨幅超过 140%，科创板市值一度逼近 6 000 亿元。

07/23

癸卯年

大暑　星期日　六月初六

基金经理说

一个长期投资型基金关心的是公司的成长性、确定性和估值水平。股价波动涨跌因素太多，绝对底部很难判断，但是低位只能牢牢拿住股票，扛住各种波动，等待否极泰来。

——希瓦私募 @ 梁宏

07/24

今日宜
革新

星期一

癸卯年
六月初七

创业板迈入2.0时代

2020 年 8 月 24 日上午 9:30，伴随六下洪亮的开市钟声，首批 18 只创业板注册制新股在深圳证券交易所上市交易，833 只创业板存量股票开始适用新的交易机制，创业板正式迈入 2.0 时代。

07/25

今日宜
均衡

星期二

癸卯年
六月初八

怎么做基金投资组合？

做基金投资组合的核心是，在确定自身预期收益目标与风险偏好的前提下，通过多策略，构建一个低相关性品种的配置组合。做基金投资组合可以应对一些无法预料的行情，能在降低持仓波动的同时更利于长期赚取超越市场的收益。

07/26

今日宜

精选

星期三

癸卯年

六月初九

买私募选“大而强”还是“小而美”？

选大私募还是小私募，其实是在成长性和稳健性间做权衡。选头部私募胜在业绩稳定，长期业绩的基础是经过时间验证的价值观与方法论；中小私募胜在业绩的弹性与爆发力，能体现更极致的精选个股风格。

07/27

今日宜 信任

星期四

癸卯年 六月初十

在雪球买私募，资金安全有保障吗？

有保障，雪球基金和私募基金管理人均不直接接触投资者资金，资金由托管机构（银行、券商）进行托管，且雪球基金作为持牌基金销售机构及基金业协会会员，具备合法代销资质。

07/28

今日宜

交易

星期五

癸卯年

六月十一

基金经理说

想要做好投资，必须要勤奋。你要不断搜集数据，进行严密的逻辑分析，并注重平衡，把握好度的艺术，才能尽量提高预测成功的概率。

——@善水源资产刘明月

07/29

今日忌

自满

星期六

癸卯年

六月十二

基金经理说

投资到最后，决定你上限的，不是智商，而是心性。

——青岛君厚 @ 群兽中的一只猫

07/30

今日宜

化繁为简

星期日

癸卯年

六月十三

聪明投资者在这里

尽早开始存钱并定投是值得养成的好习惯，如果能再通过自己的努力提高薪资收入、提升投资水平，我们将进一步缩短实现财富自由的时间，这也是大道至简的“easy 投资模式”。

——雪球人气用户 @Lagom 投资

07/31

今日宜
价值投资

星期一

癸卯年
六月十四

价值投资的明珠

2001 年 7 月 31 日，贵州茅台在上海证券交易所上市，发行价为 31.39 元 / 股，首日开盘价是 34.51 元 / 股。时至今日，它已成长为价值投资的典范。

海外基金

国际化投资，享受全球不同区域经济增长的收益。

Aug. / 八月

扫码领取基金课

08/01

建军节

星期二

癸卯年

六月十五

为什么要配置海外资产？

境内外资产多元化配置可以帮我们规避单一市场的投资风险，降低汇率风险。配置海外资产还可以让我们在全球市场中寻求投资机会，享受全球不同区域经济增长的收益。

08/02

今日宜
权衡

星期三

癸卯年
六月十六

我国港股的投资优势

港股有不少 A 股稀缺的标的，如各种互联网科技、生物医药等新经济行业的优质企业；同时部分优质企业的港股股价比 A 股股价低，存在套利空间；香港地区的证券市场也比较成熟和规范。

08/03

今日宜

放眼全球

星期四

癸卯年

六月十七

什么是QDII基金？

如果想投资微软、苹果、谷歌等这些在海外市场上市的优质公司，我们可以配置 QDII 基金。简言之，QDII 基金就是能让投资者在国内用人民币投资海外市场的基金。

08/04

今日宜

稳健

星期五

癸卯年

六月十八

美股的投资优势

美国股市有 200 多年的历史，是一个十分成熟的股票市场。通过 QDII（合格境内机构投资者）基金投资美股也比较便捷，可以用人民币直接购买，无须兑换外汇，并且门槛较低，最低 1 元就可以起投，投资额度也更高，不受个人换汇额度限制。

08/05

今日宜
分散

星期六

癸卯年
六月十九

海外投资，没你想的那么难

投资海外资产，并不需要直接去国外开户，通过买基金就可以间接投资海外市场，如买 QDII（合格境内机构投资者）基金。

08/06

今日忌
赌博

星期日

癸卯年
六月二十

聪明投资者在这里

我们不否认个别投资者仅靠一只股票就收获成功——适合自己的就是最好的方法。但对绝大部分普通投资者来说，要学会分散投资，再好的品种都不要“赌”一只。

——雪球人气用户 @ 持有封基

08/07

今日忌

“裸泳”

星期一

癸卯年

六月廿一

聪明投资者在这里

“长牛”行业跌下来时，投资人的应对策略反而要比“长牛”时更容易反映出投资人的水平。市场上涨的时候，人人都是“股神”；市场“退潮”了，我们才知道谁在“裸泳”。

——雪球人气用户 @ 青春的泥沼

08/08

癸卯年

立秋 星期二 六月廿二

QDII基金的优势

QDII 基金投资便捷，不用换外汇，可以直接用人民币购买。同时，QDII 基金的种类比较丰富，也是普通投资者在海外投资门槛最低的产品之一。

08/09

今日宜　　　　　　　　　　癸卯年

审慎　　　　星期三　　　　六月廿三

为什么 QDII基金会限购？

QDII 基金限购的直接原因主要是各大基金公司外汇额度不足。基金公司旗下的外汇额度是按公司分配的，如果某只基金在短时间内遭遇大额申购，便会使其他基金没有余量，因此要限购。

08/10

今日宜

明辨

星期四

癸卯年

六月廿四

QDII基金可以投资哪些资产？

QDII 基金的投资标的多种多样，包括股票资产，比如港股、美股；也包括海外债券资产；还包括大宗商品，如石油、黄金及其他大宗商品等多种资产。

08/11

今日宜
细致

星期五

癸卯年
六月廿五

QDII基金如何确认份额？

QDII 基金一般在 T+2 日确认份额，也就是说投资者在买入 T+2 日才开始有收益。此外，QDII 基金赎回到账时间较长，一般来说在 10 天左右。

08/12

今日宜
精选

星期六

癸卯年
六月廿六

聪明投资者在这里

怎么找出行业里最赚钱的企业？就是看净资产收益率。

——雪球人气用户 @ 小北读财报

08/13

今日忌
感情用事

星期日

癸卯年
六月廿七

聪明投资者在这里

做人要有情有义，做投资要无情无义，甚至绝情绝义。做投资不能讲感情，讲的是胜率、赔率、频率等残酷的数据。

——雪球人气用户 @ 持有封基

08/14

今日宜
选基

星期一

癸卯年
六月廿八

常见的QDII基金有哪些？

市场上大部分的 QDII 基金是跟踪指数的，最常见的有标普 500 指数、纳斯达克 100 指数、道琼斯工业指数、恒生科技指数、中国互联网 50 指数等指数基金。

08/15

今日忌
善变

星期二

癸卯年
六月廿九

聪明投资者在这里

市场上不存在神奇均线，神奇均线不过是特定的参数恰好契合市场的节奏。不断去刻意优化神奇均线，只是在追逐市场。当市场机制转换时，代价是相当惨重的。

——雪球人气用户 @ 猪三哥

08/16

今日宜
量化

星期三

癸卯年
七月初一

什么是量化策略？

量化策略简单来说就是将投资中的人为手动决策转化为程序自动化决策，即用算法代替人做出决策。这种高度的纪律性可以帮助投资者很好地克服恐惧、贪婪等情绪的干扰而作出合理的决策。

08/17

今日宜
明确

星期四

癸卯年
七月初二

什么是量化基金？

在看食谱做饭时，里面经常提到“放盐少许”，“少许”究竟是多少，难以量化，但如果规定“放盐 2 克”就不会有歧义了。这个过程就可以简单理解为“量化”。量化基金就是使用量化策略，明确投资决策指标，通过某种投资模型将投资策略程序化执行的基金。

08/18

今日宜
思考

星期五

癸卯年
七月初三

量化投资与主观选股

主观选股的优势在于深度，可以深度研究股票的信息，选择几十只股票进行集中投资；量化基金的优势则在于广度，可以从几百上千只股票中筛选投资标的，获取超额收益。

08/19

今日宜

充满激情

星期六

癸卯年

七月初四

基金经理说

我们面对的问题是两面性的，既要控制住不出现投资人难以承受的回撤，又要在风险可承受范围内尽量争取超额收益率。这是非常有难度的，但我认为这也是我们必须去努力争取的。

——上海斯诺波 @ 卧牛先生 HY

08/20

今日宜 癸卯年

博学 星期日 七月初五

首只上市交易的基金

1993 年 8 月 20 日，淄博基金在上海证券交易所上市交易，成为我国首只在国内证券交易所上市的投资基金。

08/21

今日忌
随意

星期一

癸卯年
七月初六

量化基金的纪律性

量化基金最大的优势就是具有高度纪律性，采用先进的数学模型替代人为的主观判断，绝对遵守规则，足够客观理性，不带有主观情绪色彩，可以克服贪婪、恐惧等人性的弱点，避免进行非理性投资。

08/22

癸卯年

七夕　星期二　七月初七

投资大师说

生命中最重要的决定是婚姻，而不是投资；结婚之前睁大眼睛，结婚后睁一只眼闭一只眼。

——查理 · 芒格

08/23

癸卯年

处暑　　星期三　　七月初八

量化的魅力

市场就像老天爷的脸，瞬间万变，很少有人能够做出准确的预测。然而，量化投资可以通过数学模型大概率地捕捉市场的变化，及时作出判断，彰显快速和高效的优势。

08/24

今日宜

远见

星期四

癸卯年

七月初九

量化中的多头策略

量化中的多头策略是指通过量化手段筛选出优质股票，构建多头股票组合的策略。量化多头策略主要包含指数增强和量化选股两种模式。

08/25

今日宜
进取

星期五

癸卯年
七月初十

什么是指数增强型基金？

即在跟踪指数的同时，加入了主动管理的策略，从而争取获得比指数型基金更高的收益。这就像做菜一样，在菜谱的基础上，根据个人的经验改良了配菜和调味，追求更美味的口感。

08/26

今日忌
短视

星期六

癸卯年
七月十一

聪明投资者在这里

别把投资当成一个比赛，无论什么体系，都不可能适合所有时期的市场。阶段性的慢增长很正常。自己的投资快速增长的时候，不要得意忘形；别人的投资快速增长的时候，也不要轻易诋毁。

——雪球人气用户 @ 终身黑白

08/27

今日忌
自大

星期日

癸卯年
七月十二

聪明投资者在这里

说白了，主动权益基金经理的业绩平均下来，就是沪深 300 指数增强型基金的业绩。但是基民都喜欢追踪热门行业，大面积暴露单一行业风险敞口。从长期看，很多人都没跑赢沪深 300 指数。还是那句话，赚自己认知以内的钱很重要。

——雪球人气用户 @ 民工看市

08/28

今日宜

增强

星期一

癸卯年

七月十三

沪深300指数增强型基金

沪深 300 指数增强型基金即在跟踪沪深 300 指数的基础上，使用量化模型调整投资组合而形成的基金。看好中国股市的核心资产，又想要获取超额收益的投资者，可以选择沪深 300 指数增强型基金。比如富荣沪深 300 指数增强型基金，成立以来的收益率大幅跑赢沪深 300 指数型基金。

08/29

今日宜
对冲

星期二

癸卯年
七月十四

什么是量化对冲基金？

量化对冲基金即先用量化手段选股择时，再通过对冲工具做空股指期货来对冲市场风险的基金。通过这两种手段，量化对冲基金有望获得稳定的超额收益。

08/30

癸卯年

中元节　　星期三　　七月十五

大奖章基金

大奖章基金是量化投资界的传奇，是西蒙斯创立的文艺复兴科技公司的代表基金。在 1988 年至 2018 年的 30 年间，大奖章基金的年化收益率高达 66.1%，即便扣除昂贵的费用，也仍然留有 39.1% 的费后年化收益率。

08/31

今日宜

诚实

星期四

癸卯年

七月十六

聪明投资者在这里

对于个人投资者而言，如果说有什么是绝不能丢掉的，我认为，一是诚实，要时刻保持对自己诚实；二是贪婪，对收益贪婪，对“好公司”贪婪。

——雪球人气用户 @ 雨枫

FOF

FOF，追求长期稳健的收益。

Sep. / 九月

扫码领取基金课

09/01

今日宜 癸卯年

信任 星期五 七月十七

什么是FOF？

FOF 一般指基金中的基金，就是投资者把钱交给基金经理，基金经理帮投资者按一定的策略从市场上挑选并投资基金，是一种间接投资。

09/02

今日宜
慎思

星期六

癸卯年
七月十八

聪明投资者在这里

毫无疑问，港股是高股息基金热衷的一个阵地，无它，价低。

——雪球人气用户 @ 张翼轸

09/03

今日忌 跟风

星期日

癸卯年 七月十九

聪明投资者在这里

投资上，高手和普通人有啥差别？王者段位的高手，看逻辑、看质地、看性价比，还得有点远见；钻石段位的选手，会在暴涨苗头刚起的时候不约而同地去排队、去抱团；青铜段位的选手，往往都是在暴涨之后入场。

——雪球人气用户 @ 晓鸥姐姐

09/04

今日忌
风险

星期一

癸卯年
七月二十

FOF有什么优势？

挑选单只基金的风险高、难度大，而 FOF 通过对基金的组合投资和基金经理二次精选基金，会在一定程度上降低投资基金的风险。

09/05

今日宜
分类

星期二

癸卯年
七月廿一

FOF有哪些种类？

按照不同的分类方式，FOF 可分为公募 FOF 和私募 FOF，主动管理型 FOF 和被动管理型 FOF。最常见到的是公募 FOF，并且以养老目标 FOF 居多。

09/06

今日宜
布局

星期三

癸卯年
七月廿二

聪明投资者在这里

FOF 是一种可以灵活实现客户需求的资产管理工具，在震荡的市场环境下，建议采用多资产、多策略的配置方式，通过私募 FOF 同时布局权益市场和商品市场。

——雪球资管 高级投资经理 林庆云

09/07

今日宜
耐心

星期四

癸卯年
七月廿三

机构投资者的优势越发明显

我很不愿意看到自己的投研水平被机构大幅“碾压”，但也不得不学会接受这个现实。这几年越来越多的人开始买基金，公募基金快速发展，国内的 FOF 和投顾发展也才刚刚迈出了一小步，未来空间会很大。

——雪球人气用户 @ 零城逆影

09/08

癸卯年

白露　星期五　七月廿四

FOF在海外发展如何?

FOF 基金发源于美国，过去 10 年美国 FOF 基金市场规模占比从 1% 发展到了 10%。随着国内投资机制的完善，FOF 基金也开始快速发展，2021 年底公募 FOF 规模已经突破 2 000 亿元。

09/09

今日宜
冷静

星期六

癸卯年
七月廿五

基金经理说

价格围绕价值大幅波动是资本市场的最典型特征，尤其是在极端的市场环境下，决定股票价格的很可能已经不是价值本身。所以说，预测或在意这一阶段的股价和估值波动实际上已经失去意义。

——牛顿定律 @ 非完全进化体王冠

09/10

癸卯年

教师节　星期日　七月廿六

投资大师说

恩师格雷厄姆改变了我对股票的认知，买股票就是买生意，买公司就是做股东，我的投资理念有 85% 来自格雷厄姆。

——沃伦 · 巴菲特

09/11

今日宜
看长期

星期一

癸卯年
七月廿七

养老目标基金是什么？

养老目标基金是指以追求养老资产的长期稳健增值为目的，鼓励投资人长期持有，采用成熟的资产配置策略，控制投资风险的公募基金。

09/12

今日宜

稳健

星期二

癸卯年

七月廿八

为什么养老目标基金都是FOF基金？

FOF 基金具有双重分散、适宜进行资产配置的特点，正符合养老目标基金追求长期稳健、保值增值的投资目标。FOF 基金的专业性强且具有规模效应，适合养老目标基金的长期大规模资金投入。

09/13

今日忌
冲动

星期三

癸卯年
七月廿九

养老目标基金在持有期上有何限制？

养老目标基金规定要设置 1～5 年的持有期，以此来方便基金管理者制定投资策略，引导投资者长期投资，减少非理性投资行为，从而控制波动。

09/14

今日忌

风险

星期四

癸卯年

七月三十

养老目标基金
对投资比例的要求

养老目标基金在投资比例上有严格的监管，在投资不同种类资产的比例上有明确规定，并且持有单只基金的市值不得高于基金总资产的 20%。这也控制了养老目标基金的风险。

09/15

今日宜
放长线

星期五

癸卯年
八月初一

挪威政府养老基金

挪威政府养老基金是挪威用于养老金管理的主权财富基金，也是全球最大的主权基金，管理金额超万亿美元。该基金近 22 年来仅有 5 年为亏损，其余年份都为正收益。该基金的收益用于本国养老事业的建设。

09/16

今日忌　　　　　　　　　　　　　　　　　　癸卯年
偏执　　　　　　　　星期六　　　　　　　　八月初二

聪明投资者在这里

基金会投资一篮子股票，其中股票有涨有跌，总体的风险会被分摊，就算其中一支股票出现“黑天鹅事件”而导致跌得很惨，对基金的整体影响也不会很严重。

——雪球人气用户 @ 红星菜馆

09/17

今日忌　　　　　　　　　　　　癸卯年
批评　　　　　星期日　　　　　八月初三

聪明投资者在这里

能够寻找、发现、追求、创造美好，是人生幸福快乐的最重要能力，拥有这些能力很难，也很容易。但是批评、斥责不完美、缺陷、问题和错误很容易、很简单，做好自己却很难很难。

——雪球人气用户 @HIS1963

09/18

今日宜
收获

星期一

癸卯年
八月初四

什么是公募REITs?

REITs 的中文翻译是不动产投资信托基金，简单来说就是向投资者发行收益凭证，募集资金投资于不动产，并向投资者分配投资收益。

09/19

今日宜
投资

星期二

癸卯年
八月初五

基础设施公募REITs与股票有何不同

如果说股票是“公司上市”后发行的有价证券，那么公募REITs 可以被形象地理解为“资产上市”后发行的有价证券。投资人通过持有 REITs 基金份额，间接成为基础设施项目的“股东”，且基金上市之后也会有交易报价。这与股票投资有异曲同工之妙。

09/20

今日宜
果断

星期三

癸卯年
八月初六

公募REITs如何“打新”？

认购 REITs 和认购新基金一样，认购的时候需要全额交钱，然后根据配售机制，也就是按认购金额的比例配售，这也就是俗称的“打新”。

09/21

今日宜
尝试

星期四

癸卯年
八月初七

REITs的认购费是多少？

场外基金认购其实差别不大，需要 0.4% 的认购费，因为新基金认购手续费大部分都是不打折的。但是一般来说，老基金的申购、大部分雪球基金的申购申购费用都是一折起。

09/22

今日宜
买卖

星期五

癸卯年
八月初八

公募REITs是封闭基金吗？

没错，公募 REITs 是封闭基金，而且封闭期都在 20 年到 99 年不等。如果认购后想要卖出，就只能在二级市场上卖出。同样，如果错过了认购期，想要买入 REITs，就只能通过二级市场买入了。

09/23

癸卯年

秋分 星期六 八月初九

聪明投资者在这里

从黑暗到黎明，扛到新周期，这些人也将是这个资本市场的胜利者，他们是真正懂得并能够享受红利的玩家。那些没有用心感受整个周期，甚至是在别人高呼胜利时加入的人，结局都未必很好。

——雪球人气用户 @ 孥孥的大树

09/24

今日宜　　　　　　　　　　　癸卯年
选赛道　　　星期日　　　　八月初十

聪明投资者在这里

生物医药行业既靠创新驱动，又极其保守，既有老龄化逻辑，又有消费升级，简直打着灯笼都难找，属于长期投资主义的圣杯。

——雪球人气用户 @ 价值事务所

09/25

今日忌 风险

星期一

癸卯年 八月十一

国内公募REITs的特点

目前国内 80% 以上的公募 REITs 资产投资于基础设施，并 100% 持有其份额，其余资产也不能投资股票，这使得公募 REITs 风险较低，介于债券和股票之间。

09/26

今日宜
行动

星期二

癸卯年
八月十二

公募REITs的收益

REITs 的收益相当可观，过去 20 年全球 REITs 的平均收益率在 10% 左右。这个收益率远远超过很多国家的国债利率，甚至超过了很多主动型基金的收益率。不过 REITs 投资依然有风险，购买需谨慎。

09/27

今日宜
进步

星期三

癸卯年
八月十三

A股被纳入富时罗素

2018 年 9 月 27 日，富时罗素宣布正式将 A 股纳入“富时全球股票指数系列”。此前一天，明晟（MSCI）也提出将进一步调高 A 股在 MSCI 指数中的比重。

09/28

今日宜　　　　　　　　　　　　　　　　癸卯年
持有　　　　　　　星期四　　　　　　　八月十四

假期也有收益

货币型基金在节假日也是有收益的，其收益是以资金占用的实际天数来计算的，在节假日之前确定了份额的货币型基金，在节假日就会产生收益。（特别提醒：今天下午 3 点前买入这类基金，才能享受国庆假期收益哦！）

09/29

癸卯年

中秋节 星期五 八月十五

公募REITs
适合哪一类投资者?

公募 REITs 会定期进行现金分红，封闭期也比较长，适合有长期资金规划的投资者，他们可以通过长期持有来获得定期的现金流。

09/30

今日宜
发现

星期六

癸卯年
八月十六

华夏中国交建REIT

华夏中国交建 REIT 是 2022 年首只发行的公募 REITs，募集规模高达 1 524.12 亿元，由于认购火爆，公众配售比例仅为 0.84%！这创下了按比例配售的新纪录。

基金投顾
与资产配置

长远看，大约90%的投资收益都源于成功的资产配置。

Oct. / 十月

扫码领取基金课

10/01

癸卯年

国庆节　星期日　八月十七

聪明投资者在这里

A 股承载了我国大部分行业里最优秀的企业，相信这些企业中一定会有一部分从“中国一流”走向“世界一流”。

——雪球人气用户 @ 三千世界一朵莲花

10/02

10月期间，
公募基金披露三季报

星期一

癸卯年
八月十八

为什么要做资产配置？

大部分人风险承受能力较弱，单一资产的波动会让其难以承受。做资产配置，通过投资不同类的资产，能够给投资者较好的体验。曾有个说法：资产配置能让你在遨游大海的时候，不容易翻船，甚至可以让你抓到想要的鱼。

——雪球人气用户 @ 炒基蛋

10/03

10.1～10.31

A股上市公司披露三季报

星期二

癸卯年

八月十九

什么是投资中的“不可能三角”？

投资中存在一个“不可能三角”，尤其是单个投资标的，不可能同时具有流动性、安全性、收益性三大优势。

10/04

今日忌
择时

星期三

癸卯年
八月二十

择时只是一种神话

市场择时和选股固然重要，但从长期来看，很少有人能准确择时，再加上反复交易带来的摩擦成本，导致大部分投资人的收益都惨不忍睹。

10/05

今日宜
长期持有

星期四

癸卯年
八月廿一

市场的波动
会让人“拿不住”

复利最大的敌人是波动，很多人都曾拥有好的产品，却因为在波动中难以坚守而无奈，因此享受不到时间的玫瑰。只有同时做到“长期拿住”和“收益整体向上”这两点，才能真正“拿得住”，并最终实现赚到钱的目标。

10/06

今日宜
均衡

星期五

癸卯年
八月廿二

资产配置的核心要素是什么？

资产配置的核心要素：一是风险和收益之间的均衡博弈，寻求两者之间的平衡；二是确保资产之间的低相关性，只有分散买入低相关的资产，才能真正降低持有风险。

10/07

今日宜

乐观

星期六

癸卯年

八月廿三

基金经理说

如果拨开短期波动的迷雾，对于一个还没有“打出最后一颗子弹”的长期投资者而言，下跌是一件痛苦却值得惊喜的事情，长期投资的本质是信仰这个世界会越来越美好和繁荣。

——@ 明世伙伴基金胡彧

10/08

癸卯年

寒露　星期日　八月廿四

聪明投资者在这里

对于普通投资者而言，基金组合配置虽然会牺牲一些短期收益，但减少了波动，反而更容易拿得住。

——雪球人气用户 @ 来福小犬爹

10/09

今日忌　　　　　　　　　　　　癸卯年
单一　　　　　星期一　　　　　八月廿五

股债平衡配置

债券类的资产，在资产配置中扮演着非常重要的角色，它既能够相对稳健地获取一定收益，又能够分担单一股票型产品所带来的风险。

10/10

今日宜
防守

星期二

癸卯年
八月廿六

债券配置比例不低于25%？

不论是进攻型投资者，还是防御型投资者，都需要同时配置一定比例的股票和债券，并且债券配置的比例不能低于 25%。

——本杰明 · 格雷厄姆 《聪明的投资者》

10/11

今日宜
远见

星期三

癸卯年
八月廿七

投资大师说

做投资决策，最重要的是要着眼于市场，确定好投资类别。从长远看，大约 90% 的投资收益都源于成功的资产配置。

——“全球资产配置之父” 加里 · 布林森

10/12

今日宜

寻找机会

星期四

癸卯年

八月廿八

什么是最佳的资产配置?

抱歉，投资中并没有一个“最佳”的资产配置。成功的投资策略始于适合自身目标和风险承受能力的资产配置，好的资产配置能够在投资者可承受的风险范围内，为其提供实现投资目标的良好机会。

10/13

今日忌
缺失

星期五

癸卯年
八月廿九

年龄越大，
债券配置比例越高

随着年龄增长，我们通常需要保值的财富更多、能够弥补严重损失的时间更少、收入需求更高、对市场波动的担忧更多。结合这 4 点，债券配置比例通常会随年龄增长而相应地提高。

——“指数基金之父”约翰·博格

10/14

今日宜

尊重常识

星期六

癸卯年

八月三十

聪明投资者在这里

有效控制回撤的最好方法，应该是降低持股行业的关联度，严格控制持仓企业的持股上限。普通投资者，唯有时刻保持谨慎，坚持学习，尊重常识，才能长期存活于市场。

——雪球人气用户 @ 老柏树也有春天

10/15

今日宜
均衡

星期日

癸卯年
九月初一

聪明投资者在这里

均衡风格往往表现在行业配置的均衡上，并最终体现为价值、成长、周期等不同类型个股的相对均衡。

——雪球人气用户 @ 小 5 论基

10/16

今日宜
分散

星期一

癸卯年
九月初二

什么是全天候策略？

全天候策略是 1996 年由达利欧提出的资产配置的一种方法论。该策略自身不依赖于择时，也不依赖于经济周期。它是一个以资产配置为主、以风险平价模型做方法理论基础的策略，在理想情况下，能帮助投资者获取长期、稳定的回报。

10/17

今日宜
配置

星期二

癸卯年
九月初三

简化版的全天候策略

达利欧设计了一个简化版策略给普通投资者：①把 30% 的资产配置在股票上；②配置长期国债，其中 15% 的资产配置 7～10 年的中期国债，40% 的资产配置 20～25 年的长期国债；③配置 7.5% 的黄金和 7.5% 的大宗商品；④每年至少进行一次再平衡。

10/18

今日宜
委托

星期三

癸卯年
九月初四

什么是基金投顾？

基金投顾的全称是“基金的投资顾问业务”，即投资者把钱委托给基金投顾管理人，由基金投顾管理人代客户进行决策和买卖。投资者仅仅支付一些投顾服务费，就能当“甩手掌柜”，把复杂的基金配置和调仓全部交给基金投顾管理人。

10/19

今日宜
控制回撤

星期四

癸卯年
九月初五

什么是“画线派”基金？

历史净值能画出优美曲线，回撤控制能力较强，基金净值持续走高的产品，这类产品就称为“画线派”基金。

10/20

今日宜
计算

星期五

癸卯年
九月初六

基金投顾的费率怎么算？

目前基金投顾的年费率一般在 0.2% ～1%。不同类型的基金投顾策略费率会有所不同，偏向短期理财类基金的费率要低一点，偏向权益类基金的费率要高一点。

10/21

今日宜
变通

星期六

癸卯年
九月初七

聪明投资者在这里

可转债是一种可以合法出“老千”的“变色龙”。作为小散户，我们要战胜基金经理其实是一件很难的事情。对于股票，我们无能为力，但我们可以“玩转”可转债。

——雪球人气用户 @ 持有封基

10/22

今日忌
糊涂

星期日

癸卯年
九月初八

投资大师说

投资就像打棒球，你要让记分牌上的得分增加，就必须盯着球场，而不是盯着记分牌。

——沃伦·巴菲特

10/23

癸卯年

重阳节　　星期一　　九月初九

聪明投资者在这里

重阳节前后，正是酿酒最佳时节的开始，时间是酱香酒最好的朋友，历久弥新。在茅台越来越被认可的时代，“茅粉”们长线持有的精神也越来越被认可。

——雪球人气用户 @ 茅粉事务所

10/24

癸卯年

霜降　　星期二　　九月初十

聪明投资者在这里

投资是一个另类游戏。日常生活中，一个人只有在某个行业“很厉害”，才能赚到钱，但投资讲求的是“守弱”，即在自己的能力范围内做决策，坦然承认自己是一个“傻瓜”，执行一些“傻瓜”式的策略，也可以赚到钱。

——雪球人气用户 @ 沈潜

10/25

今日忌　　　　　　　　　　　　癸卯年

短视　　　　　　星期三　　　　九月十一

买入并持有策略

秉持买入并持有策略即在合适的时间买入基金或基金组合，长期（3～5年）持有这只基金或基金组合，绝不轻言卖出。在该策略下，投资者放弃了短期择时获利的可能，而着眼于长期投资。

10/26

今日宜
组合投资

星期四

癸卯年
九月十二

“核心+卫星”策略

“核心 + 卫星”策略指的是以风险适中、收益稳健的基金作为核心（占比 50% 以上），以行业主题基金或其他进攻性强的基金作为卫星的组合投资策略。该策略可以迅速跟上市场节奏，不惧风格切换。

10/27

今日宜
耐心等待

星期五

癸卯年
九月十三

逆向投资策略

该策略逆人性而动，利用市场极端情绪造成的错误定价，以较低价格买入好资产，耐心等待定价修正。该策略的获利来源有两部分：一是估值提升的回报；二是上市公司的业绩增长。

10/28

今日宜

规范

星期六

癸卯年

九月十四

《中华人民共和国证券投资基金法》审议通过

2003 年 10 月 28 日，第十届全国人民代表大会常务委员会第五次会议审议通过《中华人民共和国证券投资基金法》并于 2004 年 6 月 1 日施行，为我国基金业的发展奠定了坚实的法律基础。

10/29

今日宜　　　　　　　　　　　　癸卯年
成长　　　　　星期日　　　　　九月十五

基金经理说

在组合管理过程中，我们会动态平衡不同类别资产的比重，但从长期看，我们认为，成长才是股票价格持续上涨的来源，挑选高质量成长股是我们的战略。

——@上海仙人掌姚跃

10/30

今日宜
稳步前行

星期一

癸卯年
九月十六

创业板首批
28家公司挂牌上市

2009 年 10 月 30 日，创业板首批 28 家公司挂牌上市。创业板一方面为高科技企业提供融资渠道，另一方面通过市场机制有效评价创业资产价值，促进知识与资本的结合，为促进中国科技进步、技术革新作出巨大贡献。

10/31

今日宜
平衡

星期二

癸卯年
九月十七

股债再平衡策略

股债再平衡策略指的是确定股票与债券的初始比例，每隔一段时间，通过调仓将两类资产的比例一直控制在刚开始预定的比例。

基金定投

采用合适的定投策略，
或许可以让你感受到牛长熊短的美妙。

Nov. / 十一月

扫码领取基金课

11/01

今日宜
滚雪球

星期三

癸卯年
九月十八

雪球品牌日

岛是没有意义的，除非别的岛可以到达它。信息是没有意义的，除非别的信息可以链接它。上雪球，信息不再是孤岛，投资也不再孤单。

——雪球公司创始人 方三文

11/02

今日忌
冲动

星期四

癸卯年
九月十九

最适合
普通人的投资方法

要在市场中准确地踩点入市，比在空中接住一把飞刀更难。但是采取分批买入法，就克服了只选择一个时点进行买进和卖出的缺陷，可以均衡成本，使自己在投资中立于不败之地，所以基金定投是最适合普通人的投资方法。

11/03

今日宜

积少成多

星期五

癸卯年

九月二十

基金定投的特点

基金定投具有类似长期储蓄的特点，能积少成多，平摊投资成本，降低整体风险。

11/04

今日宜
持之以恒

星期六

癸卯年
九月廿一

聪明投资者在这里

从理论上讲，真正做定投的理想期限可能至少是 10 年、20 年，甚至更长。在这个期间，我们只要不急着用钱，就可以坚持定地投下去。

——雪球人气用户 @ 退休的 CFA 亨利大叔

11/05

今日忌
路径依赖

星期日

癸卯年
九月廿二

聪明投资者在这里

在波动性加大的时期，你过去很多年的成功经验，放在当下都会失效。当你因为前几年的成功经验而无比确信某一条投资真理的时候，你就需要提醒自己，未来的几年可能就是市场“蹂躏”这些信仰者的时候。

——雪球人气用户 @ 郭荆璞

11/06

今日忌
随意投资

星期一

癸卯年
九月廿三

一次性投资基金好还是定投基金好？

市场总是在变化的，我们无法肯定地说哪种投资方式更好。或许我们可以在一次牛市或一次性投资中大赚一笔；遇到熊市，则是基金定投能平滑收益。基金定投最大的优势就是克服人性的贪婪与恐惧，通过纪律投资，让投资者在正确的道路上继续走下去。

11/07

今日宜
大彻大悟

星期二

癸卯年
九月廿四

哪些人适合定投？

适合定投的，第一种是什么都不懂的“小白”；第二种是在资本市场里被充分“虐过”，大彻大悟的人。

——雪球人气用户 @ 睿知睿见

11/08

癸卯年

立冬　星期三　九月廿五

什么是
基金定投微笑曲线?

定投的微笑曲线描述的是一个基金净值先下跌后回升的过程。在这个过程中，投资者经历了“亏损→持续亏损→顶住压力坚持定投 →回本→盈利”的过程。这就好像投资者的心情一样，在最后盈利时就变成了一个微笑。

11/09

今日忌
犯错

星期四

癸卯年
九月廿六

为什么有人定投会亏钱?

这是许多投资者关心的问题，导致定投亏损的原因可能有：①在错误的时间买入卖出，导致低卖高买；②承受不了短期亏损，没有在低位时坚持定投；③没有及时止盈；④选错了投资标的。

11/10

今日宜 放眼量

星期五

癸卯年 九月廿七

什么样的基金适合定投？

我们无法完全预测一只基金的走向，但定投可以选择长期趋势向上、波动较大的基金，因为波动较大可以发挥出基金定投摊平成本的优势。

11/11

今日宜
耐心

星期六

癸卯年
九月廿八

聪明投资者在这里

高股息的确是不错的价值投资方式之一，不过这并不意味着股息高低与标的涨幅完全成正比。长期持有高股息标的是否能够"躺赢"，一方面要看投资者是否耐得住性子，另一方面要看标的本身是否有良好的发展趋势。

——雪球人气用户 @ 养基司令

11/12

今日宜

简单

星期日

癸卯年

九月廿九

聪明投资者在这里

投资的选择：不做高难度游戏，赚轻松钱（Easy Money）、选择“躺赚”或者投资“印钞机公司”。

——雪球人气用户@老华和阿姨

11/13

今日宜

把握节奏

星期一

癸卯年

十月初一

定投多少钱合适？

给大家分享一个小技巧——年龄公式法，即定投的金额 =（100－现在的年龄）% × 每月结余。这种定投的方式结合了个人生命周期理论，可以根据不同年龄的理财需求来确定个人投资额度。

11/14

今日宜
赚钱

星期二

癸卯年
十月初二

怎样定投才能赚得更多？

我们可以选择定期不定额策略，即每次定投的日期不变，但是金额可以随着市场行情改变。在估值相对较低的时候，我们可以多投；在估值相对较高的时候，我们可以减少甚至暂停定投，这样大概率会获得更高的收益。

11/15

今日宜

坚定

星期三

癸卯年

十月初三

聪明投资者在这里

在熊市中开启一场定投，是很难但正确的事。希望每一个亲身经历全程的基民，都可以在微笑曲线中笑到最后，成为坚定的“定投一族”，这或许是一次熊市能赋予基民最大的意义。

——雪球人气用户 @ 张翼轸

11/16

今日宜
交易

星期四

癸卯年
十月初四

多久定投一次比较合适？

长期来看，每周、每双周、每月定投的频率对最终收益影响较小，我们可以按照自己的需求来设定定投频率。

11/17

今日忌
短视

星期五

癸卯年
十月初五

为什么定投很久还亏损？

定投很久还亏损主要原因有两个：①“倒在黎明前”，没有再多坚持一会儿，提前终止了定投，错过了即将到来的牛市；②“坐了过山车”，没有设置止盈点。

11/18

今日忌

追高

星期六

癸卯年

十月初六

投资大师说

过去永远不能代表未来，均值回归的概念不仅适用于基金管理人，还适用于基金的投资宗旨。就像钟摆一样，当股市表现完全脱离其基本面，或者落后基本面太多，均值回归法早晚会起作用。

——“指数基金之父”约翰·博格

11/19

今日宜　　　　　　　　　　　　癸卯年
寻找机会　　　　星期日　　　　十月初七

基金经理说

我们所有的盈利都来自我们会选择一些比较好的行业机会，以及在这个好的行业机会里选择好公司的机会。我们会以这个机会为投资的落脚点进行盈利。

——@正圆投资廖茂林

11/20

今日忌
贪婪

星期一

癸卯年
十月初八

定投如何止盈?

定投止盈,最理想的状态是定投 3 ～ 5 年,积累足够多的筹码。当发现指数或者资金收益翻了一番的时候,或者身边人都觉得自己是“股神”的时候,就可以考虑止盈的问题。

——雪球人气用户 @ 老罗话指数投资

11/21

今日宜
坚持

星期二

癸卯年
十月初九

聪明投资者在这里

基金定投的重点和难点在于每个月坚持做同一件事，并且按照纪律坚定执行。在没做这件事情之前，我们感觉很简单，但是最终能坚持做这件事情 5 年以上的人，确实不多。

——雪球人气用户 @ 西西定投

11/22

癸卯年

小雪　星期三　十月初十

什么是智能定投？

智能定投是系统根据市场行情，在低位进一步加大投资力度，获取更多份额；在高位减少投资力度，避免增加成本。简言之，智能定投就是“低位多买，高位少买”的一种投资方法。

11/23

今日宜　　　　　　　　　　　　　　癸卯年

通达　　　　　　星期四　　　　　　十月十一

智能定投有哪些常见的策略？

如果投资者想要尝试自己操控定投金额，可以选择的方法有：①估值区间法，即根据股票历史 PE 的变动区间，判断 PE 被高估还是被低估；②均线偏离法，即观察净值在均线的浮动幅度，从而调整定投金额；③平均成本法，即计算历次定投的平均成本，采用“低买高卖”策略。

11/24

今日宜
坚持

星期五

癸卯年
十月十二

定投更容易获利

坚持 2 年以上的定投用户，超 80% 的人盈利。从近 15 年的盈利用户数据来看，盈利的定投用户中，49.3% 的用户收益率超过 10%，而盈利的非定投用户中，仅有 38% 收益率超过 10%。

——《公募基金投资者定投洞察报告》（华夏基金）

11/25

今日忌
自满

星期六

癸卯年
十月十三

聪明投资者在这里

虽然从整体上来说，资本市场非常重视企业的增长速度，但是在价值投资大师的眼里，增长速度并没有“护城河”重要。

——雪球人气用户 @ 陈嘉禾

11/26

今日宜
开创

星期日

癸卯年
十月十四

上海证券交易所成立

1990 年 11 月 26 日，经国务院授权，由中国人民银行批准建立的上海证券交易所正式成立，这是新中国第一家证券交易所。

11/27

今日忌 盲目

星期一

癸卯年 十月十五

定投的“正确姿势”

在市场估值合理且偏低时，跌得越多，定投就要越多。等到市场回到合理估值水平，或者你的账户收益翻倍时，减少或暂停定投。大道至简，这是最朴素、最简单且最有效的定投方法。

——雪球人气用户 @ 懒猫的丰收日

11/28

今日宜　　　　　　　　　　　　　　　　　　癸卯年
坚持　　　　　　　　星期二　　　　　　　　十月十六

什么是橱窗基金？

橱窗基金主要指一些业绩较好，但是严格限购的基金。这类产品通常有较好的历史业绩，但基金规模管控极严，使得投资者只能小额申购，大有“看得见，买不到”之势，故被人戏称为“橱窗基金”。

11/29

今日宜
知行合一

星期三

癸卯年
十月十七

“投基”收益等式

基民投基收益 = 基金损益 + 基民行为损益。也就是说，基民投资基金的最终收益主要由基金经理投资水平的客观因素和基民的主观行为因素共同组成。

11/30

今日忌

迷茫

星期四

癸卯年

十月十八

基民最迷茫的时刻

一个完整的投资体系，除了包括“买什么”，还应该包括“何时买”“拿多久”“何时卖”三个环节，其中买卖时点是基民最为迷茫的时刻。

基金投资技巧
资产的大幅震荡并不可怕，
我们无须回避每一次回撤，时间可以抹平一切高波动。
Dec. / 十二月
扫码领取基金课

12/01

今日宜　　　　　　　　　　　　癸卯年
知足　　　　　星期五　　　　　十月十九

长期定投，翻倍减半策略

坚持长期定投不变，一旦账户盈利达到 100%，就卖出市值的一半，留下一半并继续定投。概括来说，这就是“长期定投，翻倍减半”。

12/02

今日宜
领先

星期六

癸卯年
十月二十

聪明投资者在这里

真正的价值投资者大多长寿，因为路走正确了，会不断地有正向激励来刺激自己。就像登山一样，虽然有上坡，有下坡，但是底部不断抬高，爬上去以后，不光领略了高处的风景，也已经领先绝大多数人了。

——雪球人气用户 @ 投资养家 1984

12/03

今日宜

规划

星期日

癸卯年

十月廿一

聪明投资者在这里

人生最重要的是要有战略规划，有些时候你感觉五六年的时间很长，但是实际上很快就过去了。在你的职业生涯中，每 5 年你都应该有一个目标，而且要为自己的人生财务投资设置一个战略规划。

——雪球人气用户 @ 润哥

12/04

今日宜
避险

星期一

癸卯年
十月廿二

货币型基金该何时买入？

货币型基金对买入时机基本无要求，基民可根据个人需求随时买入并持有。当市场面临不确定性时，货币型基金也可以发挥一定的避险作用。

12/05

今日忌
追高

星期二

癸卯年
十月廿三

指数型基金该何时买入？

我们可以参考指数的市盈率或者市净率的历史百分位。只要避免在估值明显偏高的时候买入，并且长期持有，大概率能获得一定收益。

12/06

今日宜
做功课

星期三

癸卯年
十月廿四

主动型基金该何时买入？

基金经理会对行情进行择时，基民并不需要亲自进行买点的把握。因此，在买入主动型基金之前应多做功课，选择跟你的投资风格契合的基金经理。

12/07

癸卯年

大雪　星期四　十月廿五

投资大师说

投资市场上每个行业都有它表现的时候，在基金组合中追加投资时，可以考虑那些已经处于衰退谷底并开始呈现出复苏迹象的行业。

——彼得·林奇

12/08

今日宜

进取

星期五

癸卯年

十月廿六

牛市中什么基金进攻性最强?

在牛市中，股票配置比例越高，进攻性越强。牛市中投资者可以选取股票比例高的基金，如果选对了符合市场潮流的行业，则会事半功倍。

12/09

今日忌
抄作业

星期六

癸卯年
十月廿七

聪明投资者在这里

投资是自己的事，必须根据自己的风险偏好制订适合自己的计划，切莫随意“抄作业”，也不要与拥有高收益率的其他人比较。进行指数型基金投资，更多的是想提高资产增值效率，而非一夜暴富。

——雪球人气用户 @ 六亿居士

12/10

今日宜
累积

星期日

癸卯年
十月廿八

投资大师说

你不必非常出色，只要在很长的时间内保持比其他人聪明一点点就够了。

——查理·芒格

12/11

今日宜
避险

星期一

癸卯年
十月廿九

熊市中如何投资基金？

在熊市中，你可以选择一些避险资产，如“固收 +”基金。“固收 +”基金里有 80% 的资产配置于债券，相对来说波动和回撤率较小，风险较低，适合低风险偏好的投资者长期配置，是熊市中的避风港。

12/12

今日宜
防守

星期二

癸卯年
十月三十

震荡行情如何投资基金？

A 股市场在大部分时间处于震荡之中。在震荡行情下，我们可以布局一些“固收 +”基金。这类基金在 2004～2021 年的平均年化收益率为 8.95%，可以穿越牛熊，很适合作为震荡行情下的底仓基金。

12/13

今日忌
路径依赖

星期三

癸卯年
十一月初一

冠军基金值得追吗？

基金里的业绩崇拜往往会让基民走进误区，不建议去追捧冠军基金。因为当某只基金获得冠军后，基金经理往往容易形成路径依赖，持仓过于集中，那么抗风险的能力就会变弱，一旦市场风格切换，反而会跌得更惨。

——雪球人气用户 @ 无趣的二姐

12/14

今日忌
幻想

星期四

癸卯年
十一月初二

如何才能
低位抄底、高位逃顶？

放弃幻想，投资往往是反人性的，只有克服贪婪心理，拥抱下跌带来的机会、享受上涨时的资产增值，才能赢得长期持有带来的复利。

12/15

今日宜
长期持有

星期五

癸卯年
十一月初三

持有多久能不亏钱？

数据显示，过去 10 年，基金投资当持有 3 年时，不亏损的概率为 80%；当持有 5 年时，不亏损的概率为 90%；当持有 6 年以上，不亏损的概率提高到了 96.3%。坚持长期持有是避免承担实际亏损的最简单方式。

12/16

今日宜

保持信心

星期六

癸卯年

十一月初四

基金经理说

熊市与牛市的关系，就像黑夜与白天一样，周而复始。对于熊市，我们不要从内心厌恶，更不要恐惧。因为不管你厌恶还是喜欢，它该来时终将会来，该走时留也留不住 。

——@ 中欧瑞博吴伟志

12/17

今日宜
淡定

星期日

癸卯年
十一月初五

聪明投资者在这里

万物皆周期，哪个行业都是如此。在恐慌情绪面前，如果我们做不到利用它，至少别被它影响。

——雪球人气用户 @ 知融

12/18

今日忌
重复犯错

星期一

癸卯年
十一月初六

市场低点的特征

市场的赚钱效应好时，基金公司就会拼命推荐热门行业的新基金，这些新基金经常可以实现单日百亿元的销量；在市场低迷时，新基金则会出现发行失败的情况，这时往往也是市场的阶段性低点。

12/19

今日忌

风格漂移

星期二

癸卯年

十一月初七

主题基金风格漂移怎么办?

“风格漂移”即指为了追求短期的收益，消费基金重仓持有新能源行业，文体基金重仓持有芯片行业等。基民在遇到此类情况时要有自己的判断，如果与买入时的初衷相悖，则可以考虑卖出。

12/20

澳门回归纪念日

星期三

癸卯年
十一月初八

买新基金还是老基金?

“牛市买老、熊市买新”没错，但谁能准确地描述什么时候熊市或牛市来了呢？新基金瞄向的投资新主题的机会多，老基金有业绩参考，因此投资者还是要选择与自己风格相符的基金。

12/21

今日忌
贪便宜

星期四

癸卯年
十一月初九

低净值不代表基金更便宜

低净值可能是基金过往业绩差的结果，高净值也可能是基金赚钱能力强的结果，我们不能单纯以基金净值这一个标准来判断某只基金是否值得购买。

12/22

冬至　　星期五　　癸卯年 十一月初十

首个私募基金指数发布

2020 年 12 月 22 日，国内首个私募基金指数——招商证券私募基金指数发布，填补了国内私募基金指数的空白。

12/23

今日宜
审慎

星期六

癸卯年
十一月十一

聪明投资者在这里

投资者“一赚二平七亏”。投资指数型基金是“二平”起点，如果做得好些，可以争取多赚；如果做得不好，也不会落后指数太多。

——雪球人气用户 @ 指数基金

12/24

平安夜

星期日

癸卯年
十一月十二

聪明投资者在这里

股市不会奖励忠诚，在股市里没有什么是永恒的或者不变的。没有所谓的金边投资，你唯一需要做的，就是尊重市场、尊重趋势，然后跟随市场，你的傲慢和偏见一文不值。

——雪球人气用户 @ 省心省力

12/25

圣诞节　　星期一　　癸卯年 十一月十三

主动型基金更换基金经理

基金经理是主动型基金的“魂”。如果中途更换了基金经理，要不要卖出呢？基民需重点关注两点：一是接管人是否足够优秀；二是看两任基金经理的投资风格是否差异过大。

12/26

今日宜
控制仓位

星期二

癸卯年
十一月十四

基金大跌怎么加仓？

“熊市不言底”，最好分多次进行加仓，这样不仅可以降低风险，而且在对基金的底部判断错误时，还可以降低基金的持仓成本。可以采用“金字塔”形的加仓模式，比如跌 10% 时加仓 10%，跌 20% 时加仓 20%，跌得越多，加得越多。

12/27

今日宜
精挑细选

星期三

癸卯年
十一月十五

普通人适合买几只基金？

不要仅买 1～2 只基金，也不要“一锅粥”地持有几十上百只基金。我通常是以 6～7 位基金经理管理的主动权益基金作为底仓，底仓部分占总投资额的 80%～90%；余下的 10%～20% 仓位择机逆势布局 2～3 只行业主题指数型基金。

——雪球人气用户 @ 懒人养基

12/28

今日宜
看长期

星期四

癸卯年
十一月十六

如何根据金牛奖买基金？

要找到长期业绩优秀的基金经理，那么可以直接在获得 5 年期甚至 7 年期金牛奖的基金中寻找。为防止业绩评价的片面性，我在给各个基金经理设定投资比例时会按照各自产品的管理规模进行加权处理，因为我相信投资人的眼睛是雪亮的。

——雪球人气用户 @ 大马哈投资

12/29

今日宜
甄选

星期五

癸卯年
十一月十七

如何根据“晨星奖”买基金？

晨星数星法：根据晨星评级选基，可能选不到最好的基金，但不会选到差的基金。我们可以在晨星网中找到基金筛选器，筛选出 3 年和 5 年评级均为 5 星的基金，然后再挑选适合自己的基金进行定投。

12/30

今日宜
投资

星期六

癸卯年
十一月十八

我国境内第一只ETF

2004 年 12 月 30 日，我国境内第一只 ETF——华夏上证 50ETF 成立，首次将被动投资引入中国，开启了指数化投资时代。

12/31

今日忌
急躁

星期日

癸卯年
十一月十九

聪明投资者在这里

基金没有最好的，只有最适合的。我们都希望遇到收益率高、回撤小的基金，但是这种概率并不大。我们唯一能确定的，就是自己想要什么，从而选择适合自己的基金。

——雪球人气用户 @ 炒基蛋

图书在版编目（CIP）数据

2023 基金财富志 / 雪球编著 . -- 北京 : 中国财政经济出版社，2022.10
ISBN 978-7-5223-1660-4

Ⅰ. ① 2… Ⅱ. ①雪… Ⅲ. ①基金—投资—基本知识 Ⅳ. ① F830.59

中国版本图书馆 CIP 数据核字 (2022) 第 152519 号

责任编辑：胡　懿　　　　责任校对：胡永立
封面设计：雪　球　　　　责任印制：张　健

风险提示：基金有风险，投资需谨慎。
本日历为雪球基金编著，仅作为投教科普，不构成投资建议。
雪球基金是获中国证监会核准的持牌基金销售机构，提供安全高效的基金投资服务。

2023 基金财富志
2023 JIJIN CAIFU ZHI

中国财政经济出版社 出版
URL：http://www.cfeph.cn
E-mail:cfeph@cfemg.cn

社址：北京市海淀区阜成路甲 28 号　　邮政编码：100142
营销中心电话：010-88191522
天猫网店：中国财政经济出版社旗舰店
网址：https：//zgczjjcbs.tmall.com
北京启航东方印刷有限公司印装　　各地新华书店经销
成品尺寸：101mm×170mm　48 开　15.875 印张　50 000 字
2022 年 10 月第 1 版　　2022 年 10 月北京第 1 次印刷
定价：129.90 元
ISBN 978-7-5223-1660-4
（图书出现印装问题，本社负责调换，电话：010-88190548）
本社图书质量投诉电话：010-88190744
打击盗版举报热线：010-88191661　　QQ：2242791300

湛庐CHEERS

出品人　　韩焱　陈晓晖

特约策划　　董寰　张伟晶
特约编辑　　张伟晶　石晓东
版式设计　　雪球
封面设计　　雪球

投稿方式　　publishing@cheerspublishing.com
营销合作　　marketing@cheerspublishing.com
商务合作　　BD@cheerspublishing.com
数字产品合作　　learning@cheerspublishing.com
销售咨询　　sales@cheerspublishing.com
010 5667 6359

法律顾问　　北京市盈科律师事务所
崔爽　律师